D1665957

WEIMARER REIHE

EIN GEBORENER GENIESSER

Goethe-Anekdoten

AUSGEWÄHLT UND ERZÄHLT

VON

VOLKER EBERSBACH

HANS BOLDT VERLAG

Winsen und Weimar

Die Deutsche Bibliothek – CIP-Einheitsaufnahme

Ebersbach, Volker:
Ein geborener Geniesser : Goethe-Anekdoten / ausge-
wählt und erzählt von Volker Ebersbach. – Winsen/Luhe ;
Weimar : Boldt, 1998
 (Weimarer Reihe)
 ISBN 3-928788-16-7
 ISBN 3-928788-21-3

© 1995 Hans Boldt Literaturverlag GmbH
Winsen/Luhe und Weimar

Herstellung: Gutenberg Druckerei GmbH Weimar

INHALT

I. Frankfurt
7

II. Leipzig
12

III. Straßburg
16

IV. Geniezeit
24

V. Weimar
29

VI. Italien
39

VII. Am Musenhof
48

VIII. Glücksstunden
55

IX. Unglücksstunden
62

X. Krieg
71

XI. Kurgast
84

XII. Mehr Licht!
94

„Goethe am Fenster seiner Wohnung in Rom"
von J. H. W. Tischbein 1787

(Freies Deutsches Hochstift – Frankfurter Goethemuseum;
© Ursula Edelmann).

I. FRANKFURT

1. Ein geborener Genießer

Als Goethe auf diese Welt kam, wollte sie ihm gar nicht behagen. Bettina erfuhr von seiner Mutter, dunkel angelaufen sei er gewesen und habe kein Lebenszeichen von sich gegeben. Man hielt das Kind für tot, erzählt er selbst in „Dichtung und Wahrheit". Erst als man es in einen „Fleischarden" legte, einen hölzernen Trog, in dem sonst Fleisch aufbewahrt wurde, und ihm die Brust über dem Herzen mit Wein einrieb, schlug er die Augen auf.

2. Der kleine Ästhet

Als Kind schon war er wählerisch im Umgang. Bettina will erfahren haben, daß er in einer Gesellschaft unvermittelt in Tränen ausgebrochen sei. Das häßliche Kind da könne er nicht leiden, habe er, nach der Ursache befragt, geschrien, es solle hinaus!

3. Ein Ohrenschmaus

Zum Topfmarkt pflegte sich das Haus am Hirschgraben mit neuem Geschirr zu versorgen, und auch die Kinder bekamen kleine Teller und Töpfe zum Spielen. In „Dichtung und Wahrheit" erzählt Goethe, wie er sich nachmittags in dem ruhigen Haus allmählich damit gelangweilt habe: „Da weiter nichts dabei herauskommen wollte, warf ich ein Geschirr auf die Straße und freute mich, daß es so lustig zerbrach." Auch den Nachbarskindern von Ochsenstein gefiel das. Sie riefen: „Noch mehr!" Mit solchem Publikum wuchs natürlich das Vergnügen, und Wolfgang wiederholte den Ohrenschmaus, und der Beifall lautete: „Noch mehr!" – bis alle Schüsselchen, Tiegelchen und Kännchen zerbrochen auf dem Straßenpflaster lagen. Da die kleinen Nachbarn gern noch mehr sehen und hören wollten und weiter „Noch mehr!" riefen, gab es für den Jungen nur einen Weg: In die Küche. Der neue Vorrat an großem Küchengeschirr verschaffte den Zuschauern und auch dem Akteur selber noch größeren Genuß. So flog, was den kleinen Armen auf dem Topfbrett erreichbar war und die Händchen erschleppen konnten, zum Fenster hinaus. Ein Vorübergehender endlich fand die Aufführung durchaus nicht so hinreißend und machte ihr ein Ende.

4. Griff nach den Sternen

Man sprach in der Familie Goethe des öfteren davon, die Planeten Jupiter und Venus hätten den Knaben bei seiner Geburt freundlich angesehen. Schon mit sieben Jahren betrachtete der Junge den Sternenhimmel gern. Auf dem Zahlbrett seines Vaters legte er die glückverheißende Konstellation mit Pfennigen nach, wie sie ihm gezeigt worden war, und damit ihre Wirkung auf sein Werden ja nicht nachlasse, nahm er das Modell mit an sein Bett. Immer wieder fragte er seine Mutter, ob die Sterne wohl auch halten würden, was sie versprochen hätten. „Nicht wahr, die Sterne werden mich doch nicht vergessen?" Die Mutter versuchte den astrologischen Eifer zu dämpfen. Sie warnte ihn, den Beistand der Sterne könne man durchaus nicht erzwingen. „Andere Leute", sagte sie, „müssen doch auch ohne sie fertigwerden!"

„Mit dem", antwortete Wolfgang, „was anderen Leuten genügt, kann ich mich nicht begnügen!"

5. Autodafé

Goethe war, wie er berichtet, noch keine zehn Jahre alt, da sah er zu, wie nach damaligem Brauch ein französischer Roman, der den Stadtoberen gegen Sitte und Religion zu verstoßen schien, von Henkershand verbrannt wurde. Der Anblick war ihm, gerade weil die Strafe an etwas Leblosem vollstreckt wurde, fürchterlich. Doch er genoß es auch, wie sich das Buch den Flammen widersetzte, wie man das aneinander haftende Papier mit Ofengabeln auflockerte, damit das Feuer besser hineingriffe, wie dabei einzelne Blätter, halb verbrannt, in die Luft und unter die Zuschauer flogen, die gierig danach haschten, so daß der verbotene Autor mehr Leser fand, als er mit eigenem Bemühen hätte erreichen können.

6. Ein Anfang

Die Mutter hatte Besuch. Man schaute aus dem Fenster und sah die Kinder aus der Schule kommen. Wolfgang war von weitem schon daran zu erkennen, wie gerade und gravitätisch er in der Schar einherschritt, und als er eintrat, wurde ihm das gesagt. „Das ist erst der Anfang", erwiderte er. „Später wird man mich noch an ganz anderem erkennen!"

9

7. Der gerissene Lehrer

Daß Wolfgang mit seiner Schwester Klavier-
stunden nehmen sollte, war beschlossen. Um
einen geeigneten Lehrer waren die Eltern
jedoch verlegen. Da wollte es der Zufall, daß er
einen seiner Freunde besuchte, als dessen Kla-
vierstunde noch nicht zu Ende war. Einen solchen Lehrer hatte er noch nie gehört! Jeden Finger der rechten wie der linken Hand rief er bei
einem Spitznamen. Auch von den weißen und
schwarzen Tasten hatte jede ihre bildhafte
Bezeichnung, und selbst für die Namen der
Töne gab es anschauliche Abwandlungen. Der
Däumerling schlug das Fakchen und der Deuterling das Gakchen, der Krabler gehörte aufs
Fiekchen und der Zabler aufs Giekchen. Seinen
Freund fand Wolfgang darum auch bestens
gelaunt bei der Sache.
Zu Hause erzählte er der Schwester, was er
erlebt hatte. Die beiden konnten es kaum noch
erwarten, daß der Klavierunterricht endlich
beginne, und hatten, was die strittige Lehrer-
frage betraf, selbst einen ernstzunehmenden
Vorschlag.
Der Mann wurde angenommen. Daß es in den
Anfangsgründen, beim Notenlesen, nicht lustig
zuging, nahmen die Kinder noch hoffnungsvoll
hin. Doch als die Tastatur und der Fingersatz an
die Reihe kamen, blieb die Unterweisung so
trocken wie das Papier, die Noten und ihre
Linien. Kein Goldfinger wurde gerufen, keinen
Deuterling und keinen Däumerling gab es, und
zu den erwartungsvollen Gesichtern der
Schüler verzog der Lehrer keine Miene. Corne-
lia begann zu murren und machte dem Bruder

Vorwürfe, er habe sie getäuscht und sich alles nur selber ausgedacht. Aber Wolfgang fand sich selbst vor einem Rätsel und vertröstete die Schwester von einer Stunde zur andern.

Da traf es sich, daß ein Freund die Geschwister besuchte, als der Klavierlehrer noch mit ihnen beschäftigt war. Plötzlich wurde wieder nach Däumerlingen und Deuterlingen gerufen, der Krabler folgte dem Zabler, die Noten f und g waren wieder Fakchen und Gakchen, fis und gis hörten auf Fiekchen und Giekchen – und der Freund kam nicht aus dem Lachen heraus. „Er schwur," schließt Goethe in „Dichtung und Wahrheit", „daß er seinen Eltern keine Ruhe lassen würde, bis sie ihm einen solchen vortrefflichen Mann zum Lehrer gegeben."

II. LEIPZIG

8. Letzter Wink
eines anderen Zeitalters

Goethe erreichte als Student in Leipzig mit Studienfreunden noch eine Audienz bei Johann Christoph Gottsched in dessen letztem Lebensjahr 1766. Die Begegnung mit der gefürchteten Autorität der Poetik und der Literaturkritik verlief wie der letzte Wink eines anderen Zeitalters. Im „Goldenen Bären" empfing sie der Bediente. Er führte sie in einen großen Raum und sagte, der Herr werde gleich kommen. Dazu machte er eine sonderbare Gebärde, als sollten die Gäste in das benachbarte Zimmer treten. Dann, heißt es in „Dichtung und Wahrheit", „trat Gottsched, der große, breite, riesenhafte Mann, in einem gründamastnen, mit rotem Taft gefütterten Schlafrock zur entgegengesetzten Tür herein; aber sein ungeheures Haupt war kahl und ohne Bedeckung. Dafür sollte jedoch sogleich gesorgt sein: denn der Bediente sprang mit einer großen Allongeperücke auf der Hand (die Locken fielen bis an den Ellenbogen) zu einer Seitentüre herein und reichte den Hauptschmuck seinem Herrn mit erschrockner Gebärde. Gottsched, ohne den mindesten Verdruß zu äußern, hob mit der linken Hand die Perücke vom Arme des Dieners, und indem er sie sehr geschickt auf den Kopf schwang, gab er mit seiner rechten Tatze dem armen Menschen eine Ohrfeige, so daß dieser, wie es im Lustspiel zu geschehen pflegt, sich zur Tür hinauswirbelte, worauf der ansehnliche Altvater uns ganz gravitätisch zu sitzen nötigte und einen ziemlich langen Diskurs mit gutem Anstand durchführte."

9. Kunstgriff

In Leipzig nahm Goethe Zeichenunterricht bei Adam Friedrich Oeser. Oesers Art zu loben oder zu tadeln war mitunter so lakonisch, daß der Sinn mancher Korrektur nicht sofort klar wurde. Goethe hatte einen Blumenstrauß ganz vorschriftsmäßig mit schwarzer und weißer Kreide auf blaues Papier gebracht, bemühte sich aber, durch Wischen und Schraffieren noch einige Effekte zu erzielen, bis der blaue Grund völlig bedeckt war. Oeser trat hinter ihn, sagte nichts als: „Mehr Papier!" und entfernte sich.

10. Mißglückte Liebeslist

Der Leipziger Jurastudent verliebte sich in eine Wirtstochter, die einen sehr sprechenden Namen hatte: Anna Katharina Schönkopf. Sie aber wußte sich rar zu machen, was sich bei einem stürmisch werbenden Liebhaber, selbst wenn man geneigt ist, empfiehlt. An einem Sonntag fand er sie nicht zu Hause. Vergeblich suchte er nach einem Vorwand, bei Obermanns zu erscheinen, wohin Kätchen gegangen war. Stattdessen ging er zu Breitkopfs. Mit Constanze Breitkopf allerdings wurde ihm die Zeit lang, und so fragte er sie, ob sie nicht in einem Billett, das er sofort überbringen würde, Mamsell Obermann wegen der Proben zu einer Liebhaberauf-führung von Lessings „Minna von Barnhelm" etwas mitzuteilen hätte. Doch Constanze hatte nichts auszurichten. Da fing er an, sie zu bitten und zu drängen, bis sie ein paar Zeilen schrieb und sie ihm gab.

Er flog geradezu davon. Die Adressatin öffnete das Briefchen und las. Aber was las sie! Die Absenderin verbreitete sich darüber, was die Mannspersonen doch für seltsam wankelmütige Geschöpfe seien. Kaum sei der Herr Goethe bei ihr, lasse er spüren, daß er Mamsell Obermanns Gesellschaft vorziehe. Nur darum habe sie diese Zeilen verfassen müssen.

Sie verstand nicht recht, was das bedeuten sollte. Kätchen allerdings, die mitgelesen hatte, dachte sich ihr Teil, und anstatt sich über das Kommen ihres Verehrers zu freuen, behandelte sie ihn so kalt, daß selbst die Gastgeber sich wunderten.

Die Woche hatte für den Verliebten schlecht begonnen. Eine Art Nervenfieber hielt ihn zu Hause. Aber Kätchen, statt besorgt nach ihm zu fragen, ging, wie er auskundschaftete, ins Theater. Der Liebeskranke schleppte sich hin, fand ihre Loge und – sah sie neben ihrer Mutter sitzen. Doch hinter ihrem Stuhl erkannte er in einer sehr zärtlichen Stellung einen anderen Verehrer.

11. Das längere Gedächtnis

Später wollte Goethe nicht mehr wahrhaben, daß er auch mit Constanze Breitkopf einen kleinen Liebeshandel unterhalten hatte. Aber Marie Stock wußte noch, daß sie auf der Treppe hatte sitzen und Wache halten müssen, um dem Pärchen, das auf dem Oberboden an einem alten,

14

verstimmten Spinett zärtliche Duette sang, jede Störung anzukündigen. Goethe staunte: „Sie haben ja ein verfluchtes Gedächtnis!"

12. Bombenfest

Von Leipzig aus besuchte Goethe 1768 die kursächsische Residenz Dresden, um ihre Kunstschätze zu sehen. Nachdem er den Dirketor Christian Ludwig von Hagedorn mit Worten des Wohlgefallens besonders über Gemälde aus dessen eigener Sammlung glücklich gemacht hatte, stimmte ihn der Anblick der Straßen, in denen noch die acht Jahre zurückliegenden Zerstörungen des Siebenjährigen Krieges zu sehen waren, sehr traurig. Der Schutt in der Mohrenstraße und der geborstene Turm der Kreuzkirche blieben ihm in düsterer Erinnerung. Die Kuppel der Frauenkirche allerdings, die er bestieg, um den Rundblick über die Stadt zu genießen, rühmte ihm der Küster, der ihn hinaufgeführt hatte, als „bombenfest".

III. STRASSBURG

13. Böses Omen

Als Goethe 1770 sein Studium in Straßburg fort-
setzte, bot sich ihm eine seltene Sensation. Auf
einer Insel im Rhein, genau auf der Grenze zwischen französischem und deutschem Gebiet,
war ein kleines Gebäude errichtet worden, in
dem die Abgesandten des Dauphins von Frankreich seine Braut, die Erzherzogin von Österreich, empfangen sollten. Bei einer Besichtigung der Räumlichkeiten fielen ihm im
Hauptsaal Wandteppiche auf, die nach Gemäl-
den französischer Maler gewirkt worden waren,
und über die dargestellten mythischen Szenen
verfiel er in eine tiefe Bestürzung: Man sah
Jason, wie er, um das Goldene Vlies zu erlan-
gen, zwei feuerschnaubende Stiere bändigte
und mit ihnen ein Feld pflügte, und Medea, die
Tochter des Königs Aietes, die ihn mit seiner
Zaubersalbe dafür unverwundbar gemacht
hatte, so daß er ihr die Ehe versprach. Man sah
Kreusa, die Jason dann der Medea vorzog, und
wie Medea ihr ein mit tödlichem Gift getränktes
Brautkleid schenkte. Und man sah, wie Medea,
nachdem sie ihre und Jasons Kinder umge-
bracht hatte, gleich einer Furie auf einem Dra-
chenwagen in die Lüfte fuhr.

Niemand schien das Unpassende daran zu
bemerken, daß hier eine der verhängnisvoll-
sten Hochzeiten der griechischen Sagenwelt
ein Verlöbnis schmücken sollte. Goethe
empörte sich laut über die Gedankenlosigkeit
der Dekorateure, die nur die Pracht ihres Arran-

16

gements im Kopf hatten und nicht den Inhalt der Bilder.

Vielleicht erinnerte sich von den Umstehenden der eine oder andere 1793 an die Entrüstung des Studenten, als Ludwig XVI. und Marie Antoinette, jenes Brautpaar von 1770, unter die Guillotine kamen.

14. Goethe in Paris!

Goethe und seine Freunde hatten es sich angewöhnt, einander von Zeit zu Zeit ein wenig zu verulken. In einer Laune datierte nun der Straßburger Student einen Brief aus Versailles, nicht ohne dem Adressaten über diesen erfundenen Aufenthaltsort strengstes Stillschweigen aufzuerlegen, und genoß es im voraus, daß es im Nu herumsein würde: Goethe in Paris! Zur selben Zeit geschah in Paris bei einem Feuerwerk, mit dem die Hochzeit des Dauphin mit Marie Antoinette gefeiert wurde, ein Unglück, das mehrere Menschenleben forderte. Goethe hatte nun tatsächlich eine kleine Reise angetreten, schrieb aber niemandem. Alle Welt sorgte sich um ihn. Als er zurückkehrte, hatte er seinen Spaß schon vergessen. Es wunderte ihn sehr, wie besorgt man um ihn gewesen war. Und er schwor sich, den Spaß nie wieder so weit zu treiben. – Paris hat er in seinem ganzen Leben nie gesehen.

15. Wie man sich empfiehlt

Durch Johann Daniel Salzmann bekam Goethe Zutritt zu Straßburger Kreisen, die besonders im Sommer in ihren Gärten gute Gesellschaft versammelten. Als man sich nach Spiel und Unterhaltung zu Tisch begab, bemerkte er an der Gastgeberin, die mit ihrer Schwester etwas beredete, eine peinliche Verlegenheit. Behutsam fragte er nach dem Grund und bot Rat oder Abhilfe an.

Es wären zwölf Personen geladen, erfuhr er, doch soeben sei noch ein Verwandter unverhofft von einer Reise zurückgekehrt, so daß er sich nun, was man für jeden anderen in der Gesellschaft hatte vermeiden wollen, als Dreizehnter ansehen und für sich Unglück befürchten müsse.

Sofort war Goethe bereit, sich zu entfernen, freilich nicht ohne die Bemerkung, daß er sich eine Entschädigung vorbehalte. Doch das wollte die Hausherrin keinesfalls zulassen. Sie schickte einen Bediensteten aus, in der Nachbarschaft einen vierzehnten Gast aufzutreiben. Der allerdings kehrte unverrichteterdinge zurück. Da schlich sich Goethe, der sich auch allein ganz gut einen schönen Abend zu machen vermochte, davon, und er war in der Familie, die er gerade erst zum zweiten Mal besucht hatte, fortan ein um so lieber gesehener Gast.

16. Ein vergeßlicher Genießer

Ein kauziger Hauptmann, mit dem Goethe durch Straßburg ging, erwehrte sich einer zudringlichen Bettlerin schroff: „Pack dich, alte Hexe!"

Die Alte war nicht aufs Maul gefallen und rief dem Grobian hinterher: „Wenn dir das Alter keinen Spaß macht, hättst du dich besser in der Jugend hängen lassen!"

Das riß den Haudegen herum: „Hängen lassen? Das wäre nicht gegangen, dazu war ich zu brav! Mich selber aufhängen hätte ich sollen. Hätte ich doch einen Schuß Pulver auf mich verwendet, statt nun zu erleben, daß ich keinen Schuß Pulver mehr wert bin! Du hast wahr gesprochen, und dafür sollst du belohnt werden." Damit gab er ihr eine Silbermünze.

Sie suchten hinter der ersten Rheinbrücke ein Wirtshaus und hatten im Weitergehen noch nicht ihr Gesprächsthema wiedergefunden, da kam ihnen ein sehr hübsches Mädchen entgegen, blieb stehen, verneigte sich vor dem Hauptmann mit der Frage: „Ei, ei, Herr Hauptmann, wohin?"

„Mademoiselle, ich weiß nicht ..."

„Vergessen Sie Ihre Freunde so bald?"

Der Alte wurde über das Wort „vergessen" fast ärgerlich und wiederholte. „Wirklich, Mademoiselle, ich wüßte nicht!"

Da lachte sie: „Nehmen Sie sich in acht, Herr Hauptmann, sonst bin beim nächstenmal ich es, die Sie nicht kennt!"

Das gab dem Hauptmann zu denken. Und wie er sie mit starkem Schritt fortgehen sah, schlug er sich beide Fäuste an den Kopf: „O Ich alter Esel! Wie sehr hatte die alte Vettel recht, mich zu verwünschen! Mit der schäkere ich immer noch, weil ich vor dreißig Jahren mal was mit ihr hatte. Es gäbe keinen Undank ohne die Vergeßlichkeit! Das hübsche junge Mädchen hab ich vor nicht mal vier Wochen gehabt und hätte es beinahe vergessen."

17. Geiz

In Sesenheim bei Straßburg, wo der Student Goethe oft die Pfarrerstochter Friederike Brion besuchte, war es bei den jungen Burschen Brauch, im November hinter der Kirche ein Feuer zu entfachen und über die Flammen zu springen. Goethe entdeckte unter den Umstehenden ein paar Bäuerinnen, deren Strohhüte sichtlich ausgedient hatten und den nächsten Sommer kaum noch überstehen konnten. Er rief einem Bauern zu, auch diese Hüte ins Feuer zu werfen. Fünf Hüte flogen nacheinander in die auflodernden Flammen, doch die sechste Bäuerin wollte ihr gutes Stück unter keinen Umständen hergeben.

Goethe öffnete, als hätte er das ohnehin vorgehabt, seinen Geldbeutel und gab jeder der fünf Bäuerinnen, deren Hüte in die Asche sanken, zwei Taler. So viel Geld für diese Ruinen! staunte man ringsum. Die sechste Bäuerin nahm ihren Strohhut ab und winkte dem freigebigen Mann. Doch der sah nicht hin. Sie warf ihren Hut weit ausholend ins Feuer, so daß alle es sahen, nur – Goethe achtete nicht darauf, und sie erntete nichts als den Spott des ganzen Dorfes.

18. Ein berühmter Ankömmling

Johann Gottfried Herder, in der literarischen Welt bereits eine Berühmtheit, kam 1770 als Begleiter des Prinzen von Holstein-Eutin nach Straßburg. Goethe wäre nur zu gern mit ihm persönlich bekanntgeworden, wußte aber nicht, wie. In „Dichtung und Wahrheit" erzählt er, wie er in den Gasthof „Zum Geist" kam, um jeman-

den zu besuchen. „Gleich unten an der Treppe",
heißt es, „fand ich einen Mann, der eben auch
hinaufzusteigen im Begriff war und den ich für
einen Geistlichen halten konnte. Sein gepuder-
tes Haar war in eine Locke aufgesteckt, das
schwarze Kleid bezeichnete ihn gleichfalls,
mehr noch aber ein langer schwarzer seidener
Mantel, dessen Ende er zusammengenommen
in die Tasche gesteckt hatte. Dieses einiger-
maßen auffallende, aber doch im ganzen
galante und gefällige Wesen, wovon ich schon
hatte sprechen hören, ließ mich keineswegs
zweifeln, daß er der berühmte Ankömmling sei,
und meine Anrede mußte ihn sogleich überzeu-
gen, daß ich ihn kenne. Er fragte nach meinem
Namen, der ihm von keiner Bedeutung sein
konnte; allein meine Offenheit schien ihm zu
gefallen, indem er sie mit großer Freundlichkeit
erwiderte und, als wir die Treppe hinaufstiegen,
sich sogleich zu einer lebhaften Mitteilung
bereit finden ließ. Es ist mir entfallen, wen wir
damals besuchten ..."

19. Bibliophiles

Herder bewunderte, als er Goethe besuchte, auf
dem Bücherbrett des Studenten eine Reihe sehr
schöner Ausgaben aus der väterlichen Sammlung, bemerkte aber an der Ordnung gleich, daß
der Besitzer dieser Schätze wohl mehr den
schönen Anblick genoß und es, was die Benut-
zung anging, nur beim guten Willen bleiben
ließ. Kurz darauf erhielt Goethe von Herder ein
Briefchen in Versen, das mit den Worten endete:
„Der von den Göttern du stammst, von Goten
oder vom Kote, Goethe, sende mir sie."

Es berührte den Empfänger zwar unange-
nehm, daß Herder sich mit seinem Namen einen
Spaß erlaubte. „Denn der Eigenname eines
Menschen", heißt es in „Dichtung und Wahrheit", „ist nicht etwa wie ein Mantel, der bloß
um ihn her hängt und an dem man allenfalls
noch zupfen und zerren kann, sondern ein vollkommen passendes Kleid, ja wie die Haut selbst
ihm über und über angewachsen, an der man
nicht schaben und schinden darf, ohne ihn
selbst zu verletzten." Doch es lag für ihn auch
auf der Hand, daß Herder Büchern darum so
starke Beachtung schenkte, weil sie ihm meist
fehlten, so daß es ihm ein Dorn im Augen sein
mußte, wenn einer mit Büchern prunkte.

20. Intuition

In einem Landhaus mit Blick auf die Stirnseite
des Straßburger Münsters bedauerten die Gäste
einer Gesellschaft den unfertigen Anblick des
Bauwerks mit nur einem Turm. Goethe pflich-
tete dieser Klage geflissentlich bei und bemängelte, daß nicht einmal der eine Turm ganz aus-
geführt worden sei. Die vier Schnecken, sagte
er, setzten viel zu stumpf an. Vier leichte
Turmspitzen hätten daraufgehört, und in der
Mitte statt des plumpen Kreuzes eine höhere
Spitze.

„Wer hat Ihnen das gesagt?" fragte ein kleiner
munterer Mann.

„Der Turm selbst", antwortete Goethe.

Und die Überraschung des Fragers kam
daher, daß er in einem Archiv tätig war und alte
Bauzeichnungen kannte, die genau diese Vor-
stellungen bestätigten.

21. Einsamer Genuß

Goethe konnte sich immer wieder lange vors Straßburger Münster pflanzen und mit übereinandergeschlagenen Armen träumerisch das Bauwerk bewundern. Es muß ihn sehr verdrossen haben, daß außer ihm niemand die Pracht wahrzunehmen schien. Denn einem Kärrner, der sein Gefährt, ein Liedchen pfeifend, dicht an ihm vorüberzog, versetzte er eine Ohrfeige, ihn anfahrend: „Willst du wohl staunen, du Flegel?"

22. Extraportion

Später erzählte man in Sesenheim manches über Friederike Brions anmutiges, gütiges, liebenswürdiges Wesen. Sie hatte, obwohl sich manche gute Partie bot, nie geheiratet. Goethes Porträt hing immer in ihrem Zimmer. Eine ältere Sesenheimerin erinnerte sich, daß sie einmal in der Pfarrei zu Tisch geladen war. Im Nebenzimmer sah sie Friederike die Kinder der Gäste und andere junge Leute versorgen und aus einer Schüssel mit Hühner-Fricassé die besten Bissen heraussuchen, die Bruststückchen und die Leber. Verwundert wandte sie sich an Friederikes Mutter, sie kenne das Mädchen doch als so bescheiden, und nun nehme sie sich dreist das Beste.

„Ach", sagte die Pfarrfrau, „laßt sie nur, das ist nicht für sie. Schauen Sie in die andere Stube, da sitzt ein junger Herr, zu dem werden die guten Bissen den Weg schon finden."

Der schmucke Student, dem die Extraportion vorgesetzt wurde, war Goethe.

IV. GENIEZEIT

23. Merck

Der Publizist Johann Heinrich Merck begleitete Goethes frühes Schaffen mit freundschftlicher Kritik. Den „Götz von Berlichingen" fand er so gelungen, daß er, ein Geschäft witternd, zur Veröffentlichung im Selbstverlag riet. Er kümmerte sich um die Druckerei, Goethe kaufte das Papier. Merck sollte mit seiner Prognose Recht bekommen. Das gute Geschäft machten allerdings zunächst die Raubdrucker. Da erschien bei Goethe ein Buchhändler und bot ihm ein ansehnliches Honorar, wenn er noch ein Dutzend solcher Stücke liefern wolle.

Als Goethe nach seiner Wetzlarer Zeit wieder mit einer erfolgversprechenden Neuheit aufwartete, setzte sich Merck aufs Kanapee und ließ sich Brief für Brief „Die Leiden des jungen Werthers" vorlesen. Da er kein Zeichen irgendeiner Bewegung machte, las Goethe seine unglückliche Liebesgeschichte mit Lotte immer weiter, seinen Vortrag ins Pathetische steigernd. In einer Verschnaufpause sagte Merck dann: „Nun ja, es ist ganz hübsch!" Und ging.

24. „Beten Sie für mich!"

Goethe reiste viel, bevor er nach Weimar ging. So kam er unter den Leute herum und hörte oft sehr widerstreitende Urteile über sein Frühwerk. In Elberfeld saß der redliche Rektor Hasenkamp mit ihm und Johann Kaspar Lavater am selben Wirtshaustisch und hörte der heiteren und lebhaften Unterhaltung eine Weile zu. Plötzlich richtete er das Wort an den Jüngeren und fragte: „Sind Sie der Herr Goethe?"

„Ja."

„Und haben das berüchtigte Buch ‚Die Leiden des jungen Werthers' geschrieben?"

Alles horchte auf.

„Ja."

„So fühle ich mich in mein Gewissen verpflichtet, Ihnen meinen Abscheu über diese ruchlose Schrift zu bekunden. Gott wolle Ihr verkehrtes Herz bessern! Denn wehe, wehe dem, der Ärgernis gibt!"

Ein peinliches Schweigen hatte sich ausgebreitet. Wie würde der Dichter auf solch einen Angriff antworten?

Goethe sagte: „Sie haben vollkommen recht. Aus Ihrem Gesichtspunkt müssen Sie einfach so urteilen. Haben Sie Dank für Ihre Offenheit! Beten Sie für mich!"

Da wußte der Herr Rektor nicht mehr, was er sagen sollte.

25. Das Weltkind

Auf einer Rheinreise kamen Goethe, Lavater und Basedow nach Koblenz. Da sie im Alter wie im Wesen so verschieden waren, interessierten sich auch die unterschiedlichsten Leute für das Trio. Einer wollte etwas Gelehrtes, ein anderer etwas Frommes, ein Dritter etwas Deftiges hören. In „Dichtung und Wahrheit" erinnert sich Goethe: „Ich saß zwischen Lavater und Basedow; der erste belehrte einen Landgeistlichen über die Geheimnisse der Offenbarung Johannis, und der andere bemühte sich vergebens, einem hartnäckigen Tanzmeister zu beweisen, daß die Taufe ein veralteter und für unsere Zeit gar nicht berechneter Gebrauch sei. Und wie wir nun fürder nach Köln zogen, schrieb ich in irgendein Album:

,Und, wie nach Emmaus, weiter ging's,
Mit Sturm- und Feuerschritten:
Prophete rechts, Prophete links,
Das Weltkind in der Mitten.'"

26. Der durstige Aufklärer

Der Pädagoge Johann Bernhard Basedow führte ohne Rücksicht darauf, wo er sich gerade befand, Reden über den christlichen Glauben, die er selbst noch für höchst religiös hielt, während fromme Zuhörer sie aber höchst lästerlich fanden. Sein aufgeklärter Geist empörte sich wortreich gegen das Dogma von der Trinität, der Dreieinigkeit des Vaters, des Sohnes und des Heiligen Geistes. Es war nicht immer leicht, Verstimmungen abzuwenden, die Sache ins Scherzhafte zu ziehen oder Frauen, deren Gefühle verletzt worden wären, zu einem Spaziergang von ihm wegzulocken. Basedow trank aber auch gern einen Krug Bier, und da er beim Reden immer wieder an seiner Pfeife sog, wurde ihm vom Tabaksrauch schnell der Gaumen trocken. Als er auf dem Heimweg ein Wirtshaus gewahrte, wollte er den Kutscher anhalten lassen. Goethe jedoch machte sich einen Spaß daraus, das Gegenteil anzuordnen. Da der Kutscher gehorchte und weiterfuhr, wurde Basedow wütend, und es fehlte nicht viel, daß er Goethe mit den Fäusten bearbeitet hätte. Goethe versuchte den Älteren lachend zu beruhigen: „Vater, Ihr solltet mir dankbar sein! Habt Ihr denn das Bierzeichen über der Wirtshaustür nicht gesehen? Es waren zwei verschränkte Triangel! Die Trinität ist nur ein Triangel, und sie macht Euch schon fast verrückt. Unter zweien hätten wir Euch wohl in Ketten legen müssen."

27. Mummenschanz

Der fromme Arzt und Schriftsteller Johann Heinrich Jung-Stilling, berühmt durch seine autobiographische Prosa, wurde von den Stürmern und Drängern viel dafür belächelt, daß er alles, was dem Menschen begegnet, Gutes wie Schlimmes, für eine Art göttlicher Pädagogik hielt. Der junge Goethe jedoch bewahrte ihm seine herzliche, schonende Zuneigung.

Eines Morgens wurde Jung-Stilling in einen Gasthof gerufen und fand in dem Zimmer, das man ihm wies, einen an Hals und Kopf dick mit Tüchern verhüllten Menschen, der ihm die Hand aus dem Bett entgegenstreckte und mit schwacher, dumpfer Stimme flehte, der Herr Doktor möge ihm den Puls fühlen, er fühle sich krank und schwach. Stilling allerdings fand den Puls ganz regelmäßig. Da sprang der eingebildete Kranke aus seinen Tüchern, und lachend fiel ihm Goethe um den Hals.

28. Bürgerschreck

In seiner Geniezeit erlaubte sich Goethe, allein oder mit Freunden, ziemlich gewagte Scherze. Zur Weinlese im Herbst, als man in den Gärten um Frankfurt Feuerwerke abbrannte und Raketen steigen ließ, bemerkte man in den näcbtlichen Feldern tanzende Irrlichter, die erloschen oder in Sprüngen verschwanden, sobald man sich ihnen näherte, und wieder aufflackerten, sobald man die Verfolgung aufgab: Goethe und seine Freunde schwärmten mit Kerzen auf den Hüten durch die Gegend. Da Goethe gut auf Stelzen zu gehen verstand, schaute er in Mondnächten gern unverhofft Leuten in die Fenster des ersten Stockwerks, um sie zu erschrecken. Am ärgsten entsetzte er jedoch die Festgesellschaft einer Kindtaufe, die bei Tisch saß und den Braten erwartete: Goethe erschien mit einer verhüllten Platte und setzte sie schweigend ab, und als man das Tuch herunter nahm, lag da der Täufling.

V. WEIMAR

29. Das Weltkind bei Hofe

Zu den Zerstreuungen der Weimarer Gesellschaft gehörte auch, Gegenstände zu arrangie-
ren, die ein gebräuchliches Sprichwort versinn-
bildlichen sollten, und die Aufgabe war, es zu
erraten. Goethe führte sich damit ein, daß er
eine spanische Wand aufstellte, mit Kreide
einen Berg darauf zeichnete und dahintertrat.
Nicht einmal Christoph Martin Wieland, der
schon einige Jahre in Weimar lebte und seine
Erfahrungen gemacht haben mußte, fand heraus, was damit gemeint war. Goethe trat wieder
hervor und sagte zu einer Verbeugung: „Mein
Herr Hofrat! Hinter dem Berge sind auch
Leute!"

30. Rechnungen für deutsche Genies

In seinen ersten Weimarer Monaten wohnte
Goethe noch ziemlich unbequem zur Miete. Als
der Winter vorbei war, im Frühjahr 1776, sollte
sich das ändern. Das freundschaftliche Verhältnis, in dem er zu Herzog Carl August stand,
erlaubte es ihm, immer wieder darauf zurück-
zukommen, wie sehr es ihm ein ländliches
Häuschen mit Garten angetan hatte, nahe der
Ilm am Abhang des Höhenzuges Das Horn gele-
gen, wo der Weg vom Stern nach Oberweimar
entlangführte. Er ging sogar so weit, anzudeu-
ten, daß sein Bleiben in Weimar davon abhänge,
ob er das Anwesen bekomme. „Ja, wer es so hat
wie Bertuch!" seufzte er immer wieder. Fried-

rich Johann Justin Bertuch hatte es gerade erst für sich erworben und voll Freude und Eifer begonnen, den Garten umzugestalten. Als Geheimsekretär und Finanzverwalter des Herzogs hatte er allerdings schon des öfteren die Stirn gerunzelt zu all den Rechnungen über Hosen, Westen, Strümpfe und Schuhe für deutsche Genies.

„Höre, Bertuch!" sagte der Herzog, als er gerade vorüberritt, über den Zaun. „Du mußt mir den Fleck da überlassen, ich brauche ihn."

Bertuch kam mit seinen Einwänden nicht weit. Carl August bot ihm als Gegenwert einen großen Baumgarten nordwestlich vor der Stadt an, und mit diesem Grundstück kam schließlich auch Bertuch auf seine Rechnung. Zunächst verpachtete er das Land parzellenweise, dann baute er vom Pachtertrag sein „Industrie-Comptoir" darauf und wurde ein erfolgreicher Unternehmer. In seiner Kunstblumenfabrik arbeitete, als Goethe ihr zum erstenmal begegnete, Christiane Vulpius.

31. Gleichmut in der Niederlage

Friedrich Maximilian Klinger, der mit dem Schauspiel „Sturm und Drang" der literarischen Epoche den Namen gab, war ebenfalls nach Weimar gekommen. Nach einer kleinen Plauderei über die gemeinsame Heimatstadt Frankfurt hatte er nichts eiligeres zu tun, als einen Packen Manuskripte aus der Tasche zu ziehen und Goethe daraus vorzulesen. Eine Weile hörte der Dichterfreund geduldig zu. Dann aber sprang er auf und rief: „Was hast du da für ein verfluchtes Zeug geschrieben! Der Teufel halte das aus!"

Klinger steckte seine Sachen ruhig wieder ein und sagte kopfschüttelnd: „Seltsam. Du bist heute schon der Zweite, mit dem es mir so ergeht."

Später, Klinger stand inzwischen als General in russischen Diensten, sagte Goethe zu Wieland: „Der konnte was einstecken! Damals schon konnte man sehen, daß der Klinger durchaus zum General geboren war."

32. Ländliche Rachegöttin

Wenn Goethe und Carl August über Land ritten, meistens zur Jagd, packte sie manchmal der Übermut. Der eine genoß noch ein wenig Geniezeit, der andere seine landesherrliche Hoheit. Eines Abends fragen sie in einem Bauernhaus, ob sie nicht jeder ein Glas frische Milch bekommen können. Die Bäuerin ist gerade beim Buttern und antwortet, nicht ahnend, wen sie vor sich hat, ein wenig barsch: „Das kunn se kreie, aber's muß eener von dan Mannsen drweile dahierten stampfe, sonst krei'ch keene Butter; das därf nech stölle stieh!"

Während sie nun Milch holen geht, schlägt der Herzog die Butter. Auf der Treppe schnurrt laut ein Kater, als dürfe er gleich davon naschen. Goethe, der nicht faul dabeistehen will, packt das Tier beim Pelz, öffnet den Deckel und wirft es ins Butterfaß.

Die beiden Gäste trinken, während die Wirtin weiterbuttert, ihre Milch. Was sie dafür zahlen, kommt ihr freilich übertrieben vor, und sie denkt: Su sin die Weimerschen nech alle; zahn

31

Groschen fär zwee Niesel Mälch – und geschlohn wie de Bärschtenbönger!

Nach ein paar Tagen, die Bäuerin vermißte ihren Kater, der sowieso die Räude hatte, nicht sonderlich, erschienen die Gäste wieder und legten ihr noch ein Sümmchen auf den Tisch. Reumütig gestanden sie, es täte ihnen leid um den Kater wie um die Butter.

„De Botter?" lachte die Frau. „Ach, die h'ch off Weimer getrohn, bei Hofe, die frassen alles!"

33. Komme gleich wieder

Auf einer Jagd sagte Carl August: „Ach, trag mir doch mal die Flinte, ich bin so müde."

Goethe tat, als hätte er nichts gehört.

Nach einer Weile drückte Goethe dem Herzog seine Flinte in die Hand: „Halt doch mal meine Flinte, ich komme gleich wieder."

Verschwand im Gebüsch und ließ sich nicht mehr blicken.

34. Roß und Reiter

Am Ende eines warmen Tages sahen Goethe und Carl August, zu Fuß auf der Jagd, wie Pferde in die Schwemme geritten wurden. „Wie wohl wäre mir", sagte der Herzog, „wenn ich jetzt beritten wäre und mir wie diese Bauernlümmel das Wasser so kalt um die Glieder schlagen lassen könnte."

„Die Pferde haben es aber auch frisch und kühl."

„Gut", sagte Carl August, „Ich bin gern ein Bauernlümmel! Wenn du mein Pferd bist, reite ich dich in die Schwemme."

Und diesmal mußte Goethe Spaß verstehen, seinen Dienstherrn aufsitzen, sich die Sporen geben lassen und mit ihm huckepack im Wasser herumtraben.

35. Mephistophelische Lesung

Johannes Daniel Falk brachte, als er zum erstenmal in die Abendgesellschaft geladen war, die Herzogin Anna Amalia im Wittumspalais gab, den neusten „Göttinger Musenalmanach" mit und las ausdauernd daraus vor. Als er seinen Zuhörern und sich eine kleine Pause gönnte, erhob sich ein Gast in kurzem, grünem, aufgeschlagenem Jagdrock, der die ganze Zeit, die schwarzglänzenden italienischen Augen auf ihn gerichtet, zugehört hatte, verneigte sich höflich und erbot sich, weiterzulesen. Man könne sich ja abwechseln, das ermüde nicht so sehr. Falk reichte ihm das Buch. Zunächst las der unheimliche Jägersmann ganz ordentlich Gedichte von Gottfried August Bürger, Johann Heinrich Voß und dem Grafen Leopold von Stolberg. Dann aber folgten Hexameter, Jamben und Knittelverse, Gedichte, die Falk noch nie gehört oder gelesen hatte, Humorvolles und Phantastisches, hingeworfene Gedanken von einer Brillanz, daß die Autoren, denen sie untergeschoben wurden, Gott auf Knien hätte danken müssen, wenn ihnen derlei wirklich eingefallen wäre. Die Fröhlichkeit, die in der Runde aufkam, reizte den Vortragenden schließlich zu extemporierten Knittelversen, und Falk wurde mit einem brütenden Truthahn verglichen, der mit fremden Eiern Geduld habe und sogar ein Gipsei nicht übelnehme ...

„Das ist Goethe oder der Teufel!" sagte Falk zu seinem Nachbarn.

„Beides", antwortete Wieland.

36. Augenblick und Ewigkeit

Bei einem Besuch in Wörlitz saß Goethe mit der Familie des Fürsten von Anhalt-Dessau in der Vorhalle des Schlosses. Es war ein heiterer Sommernachmittag. Die Fürstin Luise war mit einer Stickerei beschäftigt, Fürst Leopold Friedrich Franz las etwas vor, Goethe zeichnete, und ein Hofkavalier genoß, da niemand etwas von ihm verlangte, das Nichtstun. Plötzlich schwärmte ein Bienenvolk vorüber, und Goethe sagte: „Darüber gibt es einen alten Volksglauben."

„Welchen?" fragte man ihn neugierig.

„Was man, während solch ein Bienenschwarm vorübersummt, gerade tut, das wird man noch sehr oft und sehr lange tun."

„Dann werde ich wohl noch viel sticken", bemerkte die Fürstin.

„Und ich lese noch allerlei Interessantes vor", sagte der Fürst.

„Ich", stellte Goethe fest, „muß vielleicht noch unendlich viel zeichnen. Aber der Herr Kammerherr, der kann in alle Ewigkeit faulenzen."

37. Erlkönig

Goethe badete gern in der Ilm. Mit einer Korkweste lernte er schwimmen. Bald gefiel ihm das Wasser so, daß er sich auch nächtens bei Mondschein und im Herbst noch bis in den November, ja bis Anfang Dezember darin tummelte und sich daran weidete, wenn er Vorübergehende erschrecken konnte. Einmal ging ein Bauer spät in der Nacht hinüber nach Oberweimar. An der Flußbrücke erblickte er eine schlanke weiße Gestalt mit langem, dunklem Haar, die im Fluß auf- und untertauchte und seltsame Töne von sich gab, und wäre man in Weimar nicht längst darüber aufgeklärt gewesen, wer da zwischen Erlen und alten Weiden sein Wesen trieb, so hätte sich wohl bei den Leuten der Glaube an Nixen und andere Wassergeister wiederbelebt.

38. Autorenbekenntnis

In Kassel hatten Goethes Bewunderer einem Freiherrn von Truchseß-Wetzhausen eine frappante Ähnlichkeit mit Götz von Berlichingen bescheinigt, obschon keiner von ihnen den Ritter wirklich gesehen haben konnte. Der Freiherr, geschmeichelt, ließ es sich gefallen, wenn seine Freunde ihn einfach „Götz" nannten. So geschah es auch eines Mittags im Wirtshaus:

„Götz!" rief einer. „Wann reitest du nach der Burg?"

Ein Gast, der am selben Tisch zu Mittag aß, fragte beinahe erschrocken: „Heißt der Herr da Götz?"

„Nein", antwortete einer der Freunde, „er sieht nur so aus."

„Wie kommen Sie darauf!" fragte der Fremde.

„Kennen Sie denn nicht Goethes ‚Götz von Berlichingen'?"

„Meinen Sie den!" besann sich der Mann. Dann nickte er: „Sie haben recht! So sah er wirklich aus."

Nun blieb dem Freiherrn und seinen Freun-

den der Mund offen. „Haben Sie ihn denn persönlich gekannt?"

„Wie sollte ich ihn nicht gekannt haben!" war
die Antwort. „Ich habe ihn ja gemacht."

39. Volkstümlich

Als Goethe und Carl August 1779 bei ihrer Reise
nach Südwestdeutschland durch das Frankfurt
benachbarte Sachsenhausen spazierten, dessen
Einwohner für eine grobe Zunge bekannt
waren, wurden sie Ohrenzeugen eines Streites,
in dem unweigerlich auch das berüchtigte
„Leck mich ..." gebraucht wurde.

„Wie muß es doch einen Dichter freuen",
sagte da aufgeräumt der Herzog zum Verfasser
der „Götz von Berlichingen", „wenn er sieht,
daß sein Werk so tief ins Volk gedrungen ist und
überall zitiert wird!"

40. Die Giftnudel

Fräulein von Göchhausen, eine Hofdame der
Herzoginmutter, die sich einbildete, Goethe
liebe sie heimlich, pflegte, entweder um ihren
Geist zu beweisen, oder um sich für ihren
Buckel schadlos zu halten, in Gesellschaft ihre
spitze Zunge zu wetzen. Goethe hatte ihre Hoffnung, daß er sie einmal in Versen verewige, ver-
nichtet mit den Worten: „Aber Kind! Wenn ich
das jeder besorgen wollte, wo sollte ich da
meine Zeit hernehmen?"

Als sie einmal in Tiefurt nicht aufhören
wollte, sich mit boshaften Bemerkungen in Goethes Gespräch mit dem Herzog zu mischen,
luden die beiden sie höflich zu einem Spazier-

gang ein. Man war allerdings im Salon geblieben, weil es schon den ganzen Tag regnete. Das Fräulein fürchtete um den Glanz ihres Kleides und ihre Atlasschuhe und wollte gern ein andermal die Ehre haben. Es half jedoch nichts, sie wurde in die Mitte genommen mußte sich von den gestiefelten Kavalieren durch Pfützen und über aufgeweichte Parkwege begleiten lassen.

Der Dämpfer hielt nicht lange vor. Immer wieder verschüttete sie ihre spöttischen Anspielungen wie kalte Regenschauer, und als es wieder einmal draußen nicht aufhören wollte zu regnen, wurden ihr falsche Sänftenträger geschickt, die ihre Portechaise im nächtlichen Park absetzten und verschwanden.

41. Herablassung

Auf einem Spaziergang im Park kam Goethe ein gefürchteter Literaturkritiker entgegen, der unlängst böse über seine Werke hergefallen war. Der Pfad war so schmal, daß man einander nicht ausweichen konnte, ohne auf den Rasen zu treten. Goethe blieb stehen. Der Kritiker blieb ebenfalls stehen und sagte von oben herab: „Ich weiche keinem Narren aus!"

Goethe trat auf den Rasen und sagte: „Aber ich!"

42. Wie gerufen

Als der Minister von Goethe einmal eine Sitzung leitete, polterte ein junger Beamter mit Reitstiefeln in den Saal und durchquerte ihn unter dem störenden Klirren seiner Sporen. Gerade hatte man festgestellt, daß zur Verhandlung noch ein

paar Akten benötigt wurden. „Herr Referenda-
rius, Sie kommen wie gerufen!" wandte sich
Goethe in liebenswürdigem Ton an den Flegel,
„Reiten Sie doch schnell einmal in die Registra-
tur und lassen Sie sich folgende Ordner geben
..."

VI. ITALIEN

43. Verdächtiges Zeichnen

In Malcesine am Gardasee ließ sich Goethe von altem Burggemäuer so bezaubern, daß er sich einem Turm gegenüber setzte und zu zeichnen begann. Während der Arbeit bemerkte er, daß sich die sonst menschenleere Stätte belebte. Immer wieder traten Einheimische in den Hof, um ihm zuzuschauen. Goethe ließ sich nicht stören, doch in den Blicken lag mehr Mißtrauen als kunstsinnige Neugier. Einer begann, Fragen zu stellen, warnte den Zeichner, das sei nicht erlaubt, und zerriß dann ganz ruhig das Blatt. Schließlich wurde der Bürgermeister geholt, und bis die Amtsperson mit dem Aktuar erschien, war eine Volksmenge um den geheimnisvollen Fremden versammelt. Der Bürgermeister fragte ernst: „Warum zeichnen Sie die Festung?"

„Das – eine Festung?" wunderte sich Goethe. „Das sind Ruinen." Und er wies die Einwohner von Malcesine darauf hin, wie verfallen die Mauern und Türme waren, so daß ihnen keine militärische Bedeutung mehr zukäme.

„Wenn es Ruinen sind", wurde er gefragt, „was ist daran so wichtig, daß Sie es zeichnen müssen?"

Goethe erinnerte an die vielen Italienreisenden, die nur der Ruinen von Rom und Verona wegen ins Land kämen. „Diese Ruinen werden hundert- und aberhundertmal gezeichnet!"

„Das", sagte der Aktuarius, „sind römische Ruinen. „Hier aber handelt es sich um die

Grenze zwischen Österreich und der Republik Venedig."

Der Zeichner erklärte, ihn interssierten nicht nur antike Ruinen, sondern auch die des Mittelalters. Und er verwies auf die Schönheit des Turms in der Morgensonne und auf den Efeu, der Mauern und Felsen überwucherte.

„Gut und schön", beharrte der Aktuar. „Aber Kaiser Joseph ist ein unruhiger Herr und führt gegen Venedig manches Böse im Schilde. Er hat Sie hergeschickt, um die Grenze auszuspionieren."

„Ich bin weit entfernt, Untertan dieses Kaisers zu sein", erwiderte Goethe. „Ich bin Bürger einer reichen Handelsstadt, die sich an Macht und Größe zwar nicht mit Venedig messen kann, sich aber gleichfalls selbst regiert. Ich bin in Frankfurt am Main geboren."

„Frankfurt am Main!" rief eine hübsche junge Frau, und sie riet dem Bürgermeister, den Gregorio rufen zu lassen. „Der kennt sich dort aus!"

Gregorio, ein Mann in den Fünfzigern, hörte sich, von freundlichen Erinnerungen gerührt, an, was Goethe, ihm Rede und Antwort stehend, über die italienischen Familien seiner Heimatstadt zu erzählen wußte, über die Goldene Hochzeit des Herrn Allesina und seiner Gattin, einer geborenen Brentano, und von den Kindern und Enkeln und ihren Heiraten. Die Leute lauschten zunehmend heiter dem Wortwechsel. Schließlich verbürgte dieser Gregorio sich gegenüber dem Bürgermeister dafür, daß der Fremde ein ehrenwerter, wohlerzogener, kunstsinniger Mann sei, und er riet ihm, ihn gut zu behandeln, damit Malcesine als eine sehenswerte, gastfreundliche Stadt bekannt werde, wovon alle einen Vorteil hätten. Goethe wiederum dankte, als er einige Tage darauf die Kerker von Verona von außen sah, seinem Herrgott dafür, daß er glimpflich davongekommen war.

44. Fortschreitende Aufklärung

Bei Assisi fühlte sich Goethe plötzlich verfolgt. Tatsächlich überholten ihn vier finstere Burschen, zwei davon mit Flinten bewaffnet, stellten sich ihm in den Weg und fragten ihn aus. Daß der Fremde nur die römischen Säulen von Santa Maria della Minerva bestaunt, dem Heiligen Franz aber nicht seine Aufwartung gemacht hatte, fanden sie wenig fromm, und daß jemand einen Wagen bezahle und zu Fuß gehe, wollten sie nicht glauben. Als Goethe aber mit ihnen zum Bürgermeister gehen wollte, um zu beweisen, daß seine Papiere in Ordnung waren, verzogen sich die scheinheiligen Frager. Einer der beiden Unbewaffneten jedoch kam freundlich zurück und hielt die Hand auf: „Ein Trinkgeld solltet Ihr mir schon geben, denn ich habe gleich gesehen, daß Ihr ein Ehrenmann seid."

Goethe gab ihm ein paar Silberstücke unter der Bedingung, künftig alle die zu beschützen, die nicht nur wegen der Religion, sondern auch um der Kunst willen nach Assisi kämen, besonders solche, die den einstmals heidnischen Minervatempel zeichnen und in Kupfer stechen würden. Der Beschenkte versprach es und erbot sich, einem so hübschen Mann, wenn er es wünsche, die schönste und ehrbarste Frau von Assisi zu verschaffen.

45. Vom Incognito zum Pseudonym

Die deutschen Künstler in Rom kannten den
Maler Johann Heinrich Wilhelm Tischbein, der
mit Goethe angereist war, seinen Begleiter aber
nicht. Einer von ihnen hatte sich allerdings wie-
derholt gerühmt, er sei persönlich bestens mit
Goethe vertraut, ja er habe mit ihm in einem
freundschaftlichen Verhältnis gelebt. Goethe
zögerte damit, sich vorzustellen, und als Tischbein gefragt wurde, wen er da mitgebracht
habe, eine gewisse Ähnlichkeit mit dem Dichter
des „Werther" sei nicht zu leugnen, mischte der
Schwadroneur sich ein und behauptete: „Nicht
die Spur! Weder in der Gestalt noch im Ausse-
hen." Da entschloß sich Goethe, einen Leipziger
Kaufmann namens Möller zu spielen. Einem
Hofrat Reiffenstein allerdings erschien diese
Identität zu gering. Er nannte den Fremden, der
gegenüber dem Palazzo Rondanini wohnte, nur
den „Baron beim Rondanini".

46. Der Gott und die Katze

In seinem römischen Zimmer stellte Goethe seinem Bett gegenüber so, daß morgens wie zu
einer heidnischen Andacht das Licht darauffiel,
den Kopf einer kolossalen Jupiter-Statue auf.
Einmal unterbrach sich die Wirtin beim Putzen
und rief ihren Gast herein: Das müsse er unbe-
dingt sehen, die Katze bete Gottvater an! Sie
wisse längst, daß ihre Katze eine kleine Christin
sei, aber das sein denn doch ein Wunder. Das
Tier war auf den Tisch gesprungen, der als
Sockel diente, hatte dem Gott die Pfoten auf die
Brust gelegt und leckte aufs zierlichste den hei-

ligen Bart. Goethe ließ der frommen Dame ihren doppelt irrigen Glauben, denn es handelte sich ja weder um den Gott der Christenheit noch um ein Gebet. Um eine Erklärung aber war er selbst verlegen. Roch die Katze etwa noch Spuren des Rauches, der vom verbrannten Fett des heidnischen Altars emporgewölbt war?

47. Findige Armut

Der Winter war in Neapel kalt und regnerisch. Goethe sah auf einem Platz einen Kreis zerlumpter Knaben am Boden kauern, die Hände genießerisch nach unten gewendet, zufrieden, als ob sie sich wärmten. Er fragte sie nach dem Grund und erfuhr, daß ein Schmied, der dort seine Werkstatt hatte, mit Feuern von Eichholzspänen Radschienen erhitzte, bevor er sie um die Felgen legte. Sobald die Asche reinlich beiseite gekehrt war, holten sich die Kinder die Wärme, die das Pflaster noch hielt. „Nicht um reich zu werden", schrieb Goethe, ließen die Italiener kaum etwas verlorengehen, „sondern um sorgenfrei zu leben."

48. Ein Patriot

Als Goethe mit leichtem zweirädrigen Fuhrwerk von einem Ausflug von Salerno nach Neapel zurückkehrte, bot sich auf der Höhe ein wundervoller Ausblick über die Stadt, den Golf, seine Buchten, Steilküsten, Inseln, Halbinseln und Vorgebirge. Da erschreckte ein Junge, der hintenauf mitgerollt war, den Reisenden mit einem mißtönenden Geheul, das den Genuß

dieses Panoramas störte, so daß er sich um-
wandte und ihn anfuhr.

Der Schreier verstummte. Eine Weile rührte
er sich nicht. Dann klopfte er Goethe sacht auf
die Schulter und sagte: „Signor, perdonate! que-
sta e la mia patria!" („Herr, verzeiht! Das ist
doch mein Vaterland!")

49. Vom Nutzen des Kehrichts

In den langen, geraden, schachbrettartig zuein-
ander verlaufenden Straßen von Palermo, von
denen die schönste sich mit dem Corso in Rom
hätte messen können, wirbelte ein geringer
Luftzug schon Staubwolken auf. Goethe entsetzte sich über die Unreinlichkeit dieser Stadt
und die Unsitte, daß jeder Anwohner, jeder
Laden- und Werkstattbesitzer nur seinen Fuß-
steig kehre und allen Unrat mit dem Besen in
die Straßenmitte befördere, von wo ihn der
Wind wieder auf Häuser, in Fenster und
Gewölbe zurücksende. In Neapel lasse man Esel
den Kehricht als Dünger auf die Felder bringen.
Sogar die Besen aus Palmwedeln, die sich rasch
abnutzten, sah er zu Stroh, Unrat und über-
einander faulenden Küchenabfälle geworfen.

Ein Palermitaner beruhigte ihn mit dem nötigen Humor über das Unabwendbare: Sobald
man die Schmutzschichten entfernte, käme das
schlechte Pflaster zum Vorschein. So aber roll-
ten, wenn der Adel abends mit seinen Karossen
durch die Straßen führe, die Räder weich und
machten nicht so viel Lärm.

50. Der Wettermacher

In Palermo machte sich ein Malteser mit dem Reisenden bekannt, von dem er erfahren hatte, daß er Deutscher sei. Was es denn Neues in Erfurt gebe, er habe da eine angenehme Zeit gehabt, wie es denn der Familie von Dacheröden ginge und dem Koadjutor von Dalberg. Kaum hatte er darüber Auskunft erhalten, fragte er nach dem übrigen Thüringen, bis er sich auch nach Weimar erkundigte. „Wie steht es denn", fragte er, „mit dem Manne, der, zu meiner Zeit jung und lebhaft, daselbst Regen und schönes Wetter machte? Wie hieß er doch gleich – ich meine den Verfasser des ‚Werthers'."

„Der", antwortete Goethe nach kurzem Bedenken, „der bin ich selbst."

„Da muß sich viel verändert haben!" staunte der Herr.

„O ja!" bestätigte Goethe. „Zwischen Weimar und Palermo habe ich manche Veränderung gehabt."

51. So sind wir alle

Eines Abends in Palermo, Goethe plauderte gerade mit einem Geschäftsmann, mischte sich ein hochgewachsener, wohlgekleideter Läufer ein und hielt ihm einen silbernen Teller vor, auf dem schon ein paar Kupfer- und Silbermünzen lagen. Goethe war nicht in Geberlaune und zog achselnzuckend den Kopf ein. Kaum hatte sich der Läufer zurückgezogen, entdeckte Goethe auf der Straßenseite gegenüber einen anderen in derselben Beschäftigung.

Der Händler, den er fragte, was das bedeute, wies auf die Mitte der Straße, wo ein langer,

45

bejahrter, hagerer Herr, frisiert und gepudert, den Hut unterm Arm, höfisch in Seide gekleidet, in kostbaren Schnallenschuhen über den Mist daherschritt.

Dies sei der Prinz Pallagonia.

Goethe kannte den Namen von der Besichtigung eines Landsitzes, bei der ihn allerlei närrische Skulpturen irritiert hatten, Zwerge und andere Mißgestalten, musizierende Affenchöre, ein Atlas, der statt der Weltkugel ein Weinfaß trug.

„Von Zeit zu Zeit", fuhr der Palermitaner fort, „geht er durch die Stadt und sammelt Lösegeld für die Bürger, die bei den Barbaren als Sklaven gefangen sind."

Die Summen, die so zusammenkämen, meinte Goethe, der nichts gegeben hatte, seien für diesen Zweck doch wohl sehr gering.

„Das macht nichts", bekam er zur Antwort. „Auf diese Weise bleibt die Sache aber bei den Leuten in Erinnerung, und schon mancher, der sich zu Lebzeiten zurückhielt, hat in seinem Testament ansehnliche Summen für den Verein des Prinzen gestiftet."

„Aber der Prinz", räsonierte Goethe, „hätte doch lieber sein eigenes Geld dafür stiften sollen, statt seinen Landsitz mit solchen Torheiten auszustaffieren!"

„Sind wir doch alle so!" antwortete der Kaufmann. „Unsere Narrheiten bezahlen wir gar gerne selbst, zu unsern Tugenden sollen andere das Geld hergeben."

52. Auslese

Vor seiner Reise war Goethe von Freunden und Bekannten mit Bitten bestürmt worden, aus Italien etwas mitzubringen. Die Wünsche reichten von kleinen Kunstgegenständen bis zu venezianischem Schmuck. Viele gingen bei seiner Rückkehr leer aus und zogen lange Gesichter.

„Als ich in der Gondel über den Canal Grande in Venedig fuhr", redete der Reisende sich heraus, „und die Merkzettel mit den Wünschen meiner Freunde auf den Knien hatte, kam plötzlich ein Windstoß und wehte die Zettel ins Wasser."

„Aber einigen haben Sie doch etwas mitgebracht!"

„Ja", antwortete Goethe, „deren Zettel waren mit Geldstücken beschwert, mit den Geldstücken, die sie mir mitgegeben hatten. Die konnten nicht wegfliegen."

53. Rückblick

Am 30. Mai 1814 unterbrach Goethe seinen Aufenthalt in Berka, um in Weimar ein Duell seines Sohnes August mit einem Rittmeister von Werthern zu vereiteln. Zu Mittag war man erfolgreich wieder zurück und tafelte gut. Anschließend, im Vorsaal vor einem großen Panorama der Stadt Rom plaudernd, empfahl Goethe dem Kanzler Friedrich von Müller erneut und angelegentlich eine Italienreise. „Euch darf ichs wohl gestehen", sagte er und wies auf die Tiberbrücke, über die Reisende aus dem Norden die Ewige Stadt erreichen und wieder verlassen. „Seit ich über den Ponte molle heimwärts fuhr, habe ich keinen glücklichen Tag mehr gehabt."

VII. AM MUSENHOF

54. Souveränitäten

Carl August geriet, erhitzt von der Jagd zurückkehrend, im Tiefurter Witwensitz seiner Mutter
Anna Amalia in eine literarische Stunde. Wieland las aus einem Stück von Aristophanes, das
er übersetzt hatte. Im geheizten Raum wurde es
dem Herzog eng, und er öffnete ein Fenster.
Nicht lange, und ein paar leicht bekleidete
Damen beklagten sich, daß es zog. Leise schritt
Goethe zum Fenster und schloß es. Carl August
hatte es zunächst nicht bemerkt. Aber schon
stieg ihm erneut die Röte ins Gesicht, und er
fragte laut und unwirsch: „Wer hat das Fenster
wieder zugemacht?" Dabei sah er grimmig von
einem Bedienten zum andern. Keiner von ihnen
wagte es, auch nur mit einem Seitenblick auf
Goethe zu verweisen.

„Ich war das!" sagte Goethe mit einem Schritt
auf seinen Souverän zu. „Ich erwarte ein Urteil
auf Leben und Tod."

Der Herzog lächelte und ließ das Fenster
geschlossen.

55. Das unwillkommene Ständchen

In Jena veranstalteten die Studenten eine ihrer
Abendmusiken, mit denen sie Professoren ihre
Verehrung kundzutun pflegten, unter Goethes
Fenstern. Doch Goethe, in Amtsgeschäften,
fühlte sich durch diese ungewohnte Huldigung
belästigt. Anderentags versuchte ihn Johann
Gottlieb Fichte, der zu dieser Zeit in Jena Philo-

sophie lehrte und sehr populär war, zu beruhigen, das Ständchen habe ja nicht dem Minister Goethe gegolten, sondern dem Dichter Goethe.

„Ich wünsche nicht", antwortete Goethe, „daß man den Minister über dem Dichter vergesse."

56. Unverhoffte Ehren

Mit ihrem Mann, dem Fürstlich Schwarzburg-Rudolstädtischen Rat August Wilhelm Schlegel, hatte Caroline gerade die neue Wohnung am Löbdergraben in Jena bezogen. Sie war in der noch völlig unaufgeräumten Wohnung damit beschäftigt, Gardinen aufzuhängen, da trat gleich nach dem Klopfen ein ziemlich korpulenter Herr ein, begrüßte sie als alte Bekannte, und das Dienstmädchen Hanne rief ihm hilflos über die Schulter, das sei der Geheimrat von Goethe. Wegen der sommerlichen Hitze hatte die Hausfrau keine Strümpfe an und nichts als ein luftiges Kleidchen auf dem Leib. Aber der Gast, mit dem sie vor Jahren in Mainz an Georg Forsters Tisch geplaudert hatte, hörte nicht auf, sich lobend über die hübschen Tapeten, über die neuen Verhältnisse der Schlegels und einige Arbeiten ihres Gatten zu verbreiten, so daß sie keine Zeit fand, sich etwa nebenan etwas Schicklicheres anzuziehen. Holdselig das Gesicht verziehend, erinnerte er sie daran, wie lustig sie damals zusammengesessen und wie sich das nachher mit dem Krieg in Frankreich so plötzlich geändert hätte. Er war mit dem Manuskript des „Wilhelm Meister", den er in Druck geben wollte, hinterm Sattel von Weimar herübergeritten und wippte auf seinem Stuhl noch in der Unruhe des Reitens. Übrigens gehe er gern drüben im „Paradies" die Saale entlang spazieren, so daß man sich wohl des öfteren sehen werde.

Rat Schlegel, als er endlich dazukam, fand nichts an der ungezwungenen Szene. Während Caroline sich in ihr Ankleidezimmer zurückzog, bot er dem Dichter an, den Roman zu rezensieren. Seine Frau übernahm nach einer kleinen Erkältung von der Zugluft, in der sie so lange gestanden hatte, die Druckkorrektur.

57. Trinkgeld statt Entschädigung

In der Nachbarschaft des Hauses am Frauenplan hatte ein Weber seine Werkstatt. Gerade in dem großen Raum, in dem Goethe Gesellschaften gab, war das Klappern der Webstühle deutlich zu hören. Der Hausherr verlor darüber jahrelang kein Wort. Einmal aber, als wieder Gäste erwartet wurden, ließ er den Weber nach der Höhe seines Verlustes fragen, wenn er an diesem Abend die Arbeit ruhen ließe. Der Nachbar lenkte sofort ein und zierte sich, eine Entschädigung anzunehmen.

„Aber Ihre Leute", fragte Goethe, „was werden die dann anfangen?"

„Ei, die werden den freien Abend genießen."

Da gab ihm Goethe das Geld mit den Worten: „Verteilen Sie wenigstens dies unter die Leute, damit sie ein Glas Bier trinken können!"

58. Größen

Der Schauspieler Anton Genast bemühte sich, für das Weimarer Theater den größten Schauspieler zu gewinnen, der zu haben war. In Nürnberg sah er bei einer Aufführung von Schillers „Don Carlos" den zu seiner Zeit berühmten Eßlair als Marquis Posa, der nicht nur hervorragend spielte, sondern auch mit seinem preußischen Gardemaß unter die „Langen Kerls" Friedrich Wilhelms I. gepaßt hätte. Das mochte er, da die erste Liebhaberin auf der heimischen Bühne, Wilhelmina Maaß, ein wenig klein geraten war, in seiner Meldung nach Weimar nicht verschweigen. Goethe antwortete bedauernd: „Ich kann keinen Liebhaber brauchen, dessen Geliebte ihm nur bis an den Nabel reicht."

59. Genüßliches Vergelten

An geselliger Tafel, gegen Ende der Mahlzeit, ließ sich der jüngere Johann Heinrich Voß, Sohn des berühmten Homerübersetzers, von Friedrich Wilhelm Riemer, der Goethes Sohn unterrichtete, absichtlich einen Klaps versetzen, um ihn mit den Worten „Schick's weiter" seiner Nachbarin neckisch weiterzugeben. Der Klaps wanderte auch wirklich bis zu der Schauspielerin Wilhelmina Maaß, die neben Goethe saß. Auf die beiden war er auch abgesehen. Sie stutzte verlegen, versetzte ihrem Nachbarn dann aber gehorsam einen ziemlich derben Schlag. Goethe wandte sich ihr zu und vergalt ihr den Angriff mit einem Kuß. Zu den Worten „Schick's weiter" küßte er sodann seine andere Nachbarin. Doch diese Schöne wollte die verwandelte Post durchaus nicht weitergeben.

„Nun, wenn's so nicht herumwill, muß es retour gehen", sagte Goethe, ließ sich wiederküssen und küßte die Maaß zum zweiten Mal. So wanderte der Klaps als Kuß zurück zu Voß über dessen hübsche Nachbarin. Da allerdings hörte die bunte Reihe auf, und Riemer zog ein verdrießliches Gesicht, weil er leer ausging.

„Wer hat überhaupt damit angefangen?" fragte Goethe.

Und man zeigte lachend auf Riemer.

60. Ein sprechender Name

Als Darstellerin der Iphigenie blieb Goethe, der selbst den Orest gespielt hatte, Corona Schröter unvergeßlich. Als dann Caroline Jagemann, die heimlich mit dem Herzog liiert war, diese Rolle spielte, und noch dazu nach einer Ballnacht, in der sie nicht geschlafen hatte, antwortete Goethe auf die Frage eines Freundes, wie er sie fände: „Wenn sie nicht für ihr ganzes Leben hier in Weimar engagiert wäre, dann würde ich sagen: Die jage man!"

Der Jagemann entging Goethes Abneigung nicht. Als Gräfin Heygendorf revanchierte sie sich 1817, indem sie es bei Carl August – inzwischen Großherzog – durchsetzte, daß ein Schauspieler Karsten mit einem abgerichteten Pudel auf der Weimarer Bühne gastieren durfte. Da verzichtete Goethe schweren Herzens auf die Direktion des Theaters.

61. Dichterliche Verfügung

Der jüngere Johann Heinrich Voß konnte es sich nicht verkneifen, Goethe in „Hermann und Dorothea" einen Vers zu zeigen, der sieben Daktylen hatte statt sechs. Goethe zählte nach und gab es zu. Als ihm nun aber Voß einen Bleistift reichte, damit er den Vers korrigiere, klappte der Dichter das Buch zu und verfügte: „Die Bestie soll stehenbleiben!"

62. Verrat

Als Goethe in Jena etwas später als andere eine Abendgesellschaft beim Buchhändler Frommann verließ, band ihm die Hausherrin, die ihm, nicht nur um Licht zu machen, vorausgeeilt war, am Fuß der Treppe eine Schürze voller Schneebälle vor: „Die werden Sie brauchen!" Und richtig – kaum war die Tür geöffnet, flog ihm aus den Händen einiger Herren, die sich verabredet hatten, ein Hagel von Schneebällen zu, gegen den er sich nun aber bestens verteidigen konnte.

63. Sachliche Fragen

Bei einer Mittagstafel war Goethe, dem man gern Damen an die Seiten setzte, zwischen zwei Gänse geraten. Die eine sprach überaus geschwollen, die andere sehr gewöhnlich. Als das Dessert kam, sagte die erste: „Ach, ach, Herr Geheimrat! So eine Ananas riecht doch ganz göttlich!"

„Woher wissen Sie denn, wie die Götter riechen?" fragte Goethe. Dann widmete er sich der anderen mit der Frage: „Wieviele Kühe, mein Fräulein, hat Ihr Herr Vater?"

64. Lorbeer

Goethe hatte sich überreden lassen, in Weimar ein Stück von Zacharias Werner aufzuführen, den er mochte, aber nicht besonders schätzte.

Vor der Premiere aß man bei Goethe. Für den anschließenden Schmaus wollte er nicht auch noch der Gastgeber sein, und da er wußte, daß Johanna Schopenhauer, die Mutter des später berühmten Philosophen, ihm nichts abschlagen konnte, verwies er die Frage, wo man sich treffe, an sie. Um das Stück aber nicht zu versäumen, verhandelte die Verurteilte eilig mit ihrer Wirtschafterin über eine improvisierte Bewirtung.

Als die Gesellschaft einfiel und Platz nahm, gerieten Goethe und Werner vor einen Schweinskopf. Am Tag zuvor war davon schon gegessen worden, und die Haushälterin hatte den Anschnitt mit einem großen Lorbeerkranz verdeckt.

„Aber das geht doch nicht!" sagte Goethe und erhob sich. „An dieser Tafel gibt es nur ein gekröntes Haupt."

Damit nahm er den Lorbeer vom Schweinskopf und setzte ihn dem Dichter des Abends auf.

VIII. GLÜCKSSTUNDEN

65. Vermittelndes

Friedrich Schiller kam zum erstenmal nach Weimar, als Goethe gerade durch Italien reiste. Bei Charlotte von Kalb, Herder, Wieland und der Herzoginmutter Anna Amalia hörte er über den Abwesenden nicht nur Günstiges. Gesehen hatte er den zehn Jahre älteren Dichter bereits mit starker Erregung, als er 1779 an der Karlsschule für seine Prüfungsergebnisse drei Silbermedaillen erhielt und auf Ehrenplätzen neben Herzog Carl Eugen von Württemberg zwei Besucher saßen: Carl August von Sachsen-Weimar und Goethe.

Goethe wiederum fühlte sich durch Schillers „Räuber" abgestoßen, konnte sich für den „Don Carlos" nicht erwärmen und glaubte in Schillers Aufsatz „Über Anmut und Würde" versteckte Spitzen gegen sich zu erkennen. In Jena, wo Schiller eine Professur für Geschichte erhalten hatte, wie in Weimar ging man sich aus dem Weg. Auch die erste persönliche Begegnung im Haus derer von Lengefeld zu Rudolstadt war sehr kühl verlaufen. Schiller beschrieb Goethe seinem Freund Körner als einen Egoisten „von ungewöhnlichem Grade" und verstand, was Brutus und Cassius vor ihrem Mord an Julius Caesar bewegt hatte. Es fehlte nicht viel, und es wäre ihm mit dem „Olympier" ergangen wie Lenz und anderen.

Doch im Juli 1794 gerieten Schiller und Goethe nach einem naturkundlichen Vortrag in Jena in der Tür nebeneinander, kamen über das

Gehörte in ein Gespräch und tauschten Meinungen aus, bis sie vor Schillers Haus standen. Goethe ging auf die Bitte, mit hineinzukommen, ein und trug seine „Metamorphose der Pflanzen" vor, um dem Schüler Immanuel Kants, dem Freund der Ideen, den Wert der Erfahrung näherzubringen.

Schiller schüttelte dazu den Kopf und sagte: „Das ist keine Erfahrung, das ist eine Idee." Eine unüberbrückbare Kluft schien sie wieder zu trennen.

Goethe überwand sich und erwiderte: „Das kann mir sehr lieb sein, daß ich Ideen habe, ohne es zu wissen, und sie sogar mit Augen sehe." Er war verunsichert. Wenn Schiller das für eine Idee hielt, was ihm als Erfahrung galt, so mußte es zwischen beiden etwas Vermittelndes geben.

Zunächst waren es Schillers „Horen", eine Zeitschrift, für die nun Goethe manches aus seiner Schublade, wie er es später ausdrückte, „hergab". Dann wurden es die „Xenien".

66. Lachsalven

Schiller wohnte im Haus des Jenaer Theologen Johann Jakob Griesbach. Eine zeitlang kam Goethe fast jeden Nachmittag gegen vier Uhr zu ihm und blieb bis zum Abendessen. Er trat meist schweigend ein, beschäftigte sich mit einem Buch oder zeichnete etwas. Wenn ihm Schillers Sohn Karl Friedrich, ein kleiner Wildfang, mit seiner Peitsche ins Gesicht schlug, drohte er, mit seinem Kopf Kegel zu schieben. Griesbach, der eine Etage tiefer wohnte, hörte mitunter lange gar nichts und dann ein unbändiges Lachen. Den Grund konnte er sich denken, als die „Xenien" erschienen.

67. Geheimrätliche Auskunft

Als im „Musenalmanach für das Jahr 1797" die „Xenien" erschienen, gaben Goethe und Schiller, wie sie übereingekommen waren, die Sammlung satirisch bissiger Distichen als Gemeinschaftsarbeit aus. Herzog Carl August allerdings hoffte, die Urheberschaft genauer zu erfahren, indem er Goethe angelegentlich fragte, welche Verslein denn von dem Herrn Geheimrat seien. „Das kann ich Ihnen genau sagen", antwortete Goethe. „Alle, die nicht von Schiller sind."

68. Mutter

Aus seinem Versepos „Hermann und Dorothea" las Goethe nie ohne Rührung vor. Freiherr von Wolzogen, Schillers Freund, sah ihn zum Gespräch Hermanns mit der Mutter am Birnbaum sich die Augen trocknen. „So schmilzt man bei seinen eigenen Kohlen", sagte der Dichter.

69. Angepackt!

Franz Grillparzer begegnete auf einem Spaziergang seinem älteren Kollegen und Förderer Joseph Schreyvogel, der 1795 in Jena Schiller und Goethe kennengelernt hatte. „Wie steht's mit der ‚Ahnfrau'?" fragte Schreyvogel schon von weitem.

„Es geht nicht", gestand Grillparzer mißmutig.

„Dasselbe habe ich damals Goethe geantwortet, als er mich nach meinen Sachen fragte", erzählte Schreyvogel.

„Und was hat Goethe dazu gemeint?"

„‚Man muß nur in die Hände blasen', hat er gesagt, ‚dann geht's schon!'"

70. Väterlicher Rat

Jean Pauls Ruhm überstrahlte, besonders bei lesenden Damen, zeitweilig den Goethes. Als er sich in Weimar aufhielt, wandte sich die Sängerin Maticzek, die seinen Besuch erwartete, mit ihrem Herzklopfen hilfesuchend an Goethe und fragte ihn, wie sie den humorvoll versponnenen Romancier empfangen solle, vielleicht mit einer Probe ihres Gesangs ihm entgegentanzend.

„Kind!" antwortete Goethe. „Mach's wie bei mir und sei natürlich!"

71. Rezensenten

Als in einer Gesellschaft das Gespräch auf Literaturkritik kam, warf Jean Paul in die vielfältigen Klagen über ihre Ungerechtigkeiten ein: „Diese Rezensenten mögen über mich schreiben, was sie wollen – ich antworte ihnen nicht, es sei denn, einer behauptet, daß ich einen silbernen Löffel gestohlen habe."

„Auch dann", sagte Goethe, „auch dann muß man schweigen."

„Ein Herr Tieck wünscht Sie zu sehen", meldete der Diener.

Ludwig Tieck war sich auf Grund seiner Veröffentlichungen einiger Bekanntheit in Weimar so sicher, daß er sich ohne die notwendige Empfehlung bei Goethe als Besucher hatte melden lassen. Zunächst wies Goethe den Diener an, Tieck abzuweisen. Doch gleich besann er sich und erschien selbst im Vorzimmer.

„Sie wünschen mich zu sehen?"

„Gewiß, Herr Geheimer Rat", bestätigte Tieck.

Goethe drehte sich langsam einmal um sich selbst und sagte: „Nun, so sehen Sie mich!" Da der Besucher nicht wußte, was er dazu sagen sollte, fragte Goethe: „Haben Sie mich gesehen?"

„Unzweifelhaft!"

„Nun, so können Sie wieder gehen." Mit diesen Worten wandte sich Goethe wieder seiner Tür zu.

„Noch einen Augenblick, Herr Geheimer Rat, wenn ich bitten darf", sagte Tieck.

„Was wünschen Sie noch?"

Tieck wühlte mit der Hand in seiner Tasche: „Was kostet die Besichtigung?"

Goethe betrachtete den Besucher lange und versuchte sich wortlos zu sammeln. Dann sagte er: „Sie gefallen mir! Treten Sie bei mir ein."

73. Weggelesen

Im alten Schloß zu Jena las Ludwig Tieck seine „Genoveva" vor. Als er schloß, glaubte Goethe, es sei zehn Uhr. Es war aber schon weit später. Ein Urteil über das Gehörte wollte Goethe nicht fällen. „Das will aber schon was heißen", sagte er nur, „mir so drei Stunden aus meinem Leben weggelesen zu haben."

74. Der maßvolle Genießer

In einer Jenaer Weinstube beobachteten Studenten zunehmend angeheitert, wie ein einzelner Gast, den sie für einen Philister hielten, seinen Wein, eine bekanntermaßen feurige Marke, mit etwas Wasser verdünnte. Man wunderte sich, man spöttelte und witzelte in immer loserer Weinlaune, bis einer an den Tisch trat und lallte: „Sagen Sie mal, alter Herr, warum fälschen Sie so sündhaft eine reine Gabe des Bacchus?"

Goethe antwortete:
„Wasser allein macht stumm,
Das beweisen im Teiche die Fische.
Wein allein macht dumm,
Das beweisen die Herren am Tische!
Dieweil ich nun keins von beiden möcht'
sein,
So trink ich vermischt mit Wasser den
Wein."

Goethe bemerkte, ans Fenster tretend, daß während einer angeregten Unterhaltung der erste Schnee gefallen war. Überwältigt von der unverhofften Pracht, die Jenas Dächer, Gärten und Berge einhüllte, rief er dazu auf, jeder möge ein paar Verse darauf dichten.

Karl Ludwig von Knebel hatte auf einem Blatt Papier als erster ein Distichon fertig. Goethe gefiel das kleine Werk seines „Urfreundes" so gut, daß er nicht weiterschrieb.

„Knebel", rief er, „für dieses Distichon gäb ich einen Band meiner Werke hin!"

IX. UNGLÜCKSSTUNDEN

76. *Seine Exzellenz*

Der Briefwechsel zwischen Gottfried August Bürger und Goethe gestaltete sich mit der Zeit so herzlich, daß sie einander, ohne sich je gesehen zu haben, zu duzen begannen. Doch kaum war Goethe Minister geworden, führte er das Sie wieder ein.

Kurz nach Erscheinen der zweiten Ausgabe seiner „Gedichte", von denen er Goethe ein Exemplar gewidmet hatte, reiste Bürger nach Weimar und glaubte sich durch die Gabe so gut empfohlen, daß er eines Nachmittags zu ihm ging. Der Diener bedauerte, Seine Exzellenz sei beschäftigt.

Bürger hört allerdings Musik und läßt sich nicht abweisen.

„Seine Exzellenz", erklärt der Kammerdiener, „probt gerade mit dem Kapellmeister Reichardt. Auch zur Musik seine Meinung zu sagen, gehört zu seinen Staatsgeschäften."

„Melden Sie gefälligst Seiner Exzellenz, Bürger aus Göttingen wünscht seine Aufwartung machen zu dürfen."

Die Musik verstummt. Bürger wird in ein Audienzzimmer geführt. In der Tür schon kommt ihm der Hausherr bewegt entgegen, so daß sie zusammenstoßen. „Sie sind Goethe? Ich bin Bürger", stammelt der Besucher zurückweichend. Goethe verbeugt sich, bietet ihm Platz auf einem Sofa an und wirft in das betretene Schweigen die Frage, wieviele Studenten an der Göttinger Universität eingeschrieben wären.

Bürger weiß es nicht genau und antwortet, so gut er kann. Man schweigt, man räuspert sich, schaut einander an, fragend, verlegen, bis Bürger aufsteht und sich empfiehlt. Goethe, ebenfalls aufgestanden, verbeugt sich mitten im Zimmer, entläßt den Gast.

Schon auf der Straße fielen Bürger die Verse dieses Epigramms ein:

„Mich drängt' es in ein Haus zu gehn,
Drin wohnt' ein Künstler und Minister.
Den edeln Künstler wollt ich sehn
und nicht das Alltagsstück Minister.
Doch steif und kalt blieb der Minister
Vor meinem trauten Künstler stehn,
Und vor dem hölzernen Minister
Kriegt ich den Künstler nicht zu sehn:
Hol ihn der Kuckuck und sein Küster!"

77. Wes Brot ich eß ...?

Die Gemeinsamkeit vieler Anschauungen war es, die Goethe bewogen hatten, Carl August die Berufung Johann Gottfried Herders nach Weimar anzuraten. Die Französische Revolution und die Ausrufung der Republik jedoch förderte immer wieder Meinungsverschiedenheiten zwischen den schon von Straßburg her befreundeten Geistern zutage, bis sie sich voneinander zurückzogen. Auch der Herzog und seine Mutter mißbilligten manche Äußerungen ihres Generalsuperintendenten deutlich.

An frühere Einmütigkeit erinnert, soll Goethe zu Herder gesagt haben: „Ich nehme jetzt die Grundsätze meines gnädigsten Herrn an, er gibt mir zu essen, es ist daher meine Schuldigkeit, daß ich seiner Meinung bin."

78. Doppelter Widerhaken

Kurz vor seinem Tod war Herder nach einer Theateraufführung von Goethes „Natürlicher Tochter" in Jena voll versöhnlichen Lobes für das Stück. Er schloß allerdings mit den Worten: „Am Ende ist mir aber doch dein natürlicher Sohn lieber als deine ‚Natürliche Tochter'."

79. Verwechslung mit dem Schwager

Als „Die natürliche Tochter" in Leipzig aufgeführt wurde, wandte sich nach dem zweiten Akt ein Student an seinen Sitznachbarn, einen älteren Herrn, und fragte: „Entschuldigen Sie! Ist das Stück nicht von Vulpius, dem Verfasser des ‚Rinaldo Rinaldini'?"

„Nein", sagte der Herr bestimmt. „Es ist von Goethe."

Nach dem vierten Akt meldete sich der Student wieder: „Aber das Stück kommt mir so vor, als wäre es von Vulpius."

„Es ist von Goethe", beharrte der Nachbar.

Am Schluß rief der Student in den Applaus: „Sie mögen sagen, was Sie wollen, das war ein Stück von Vulpius!"

Der fremde Herr erhob sich und schaute den Studenten scharf an: „Das Stück ist von Goethe! Und ich bin Goethe."

„Sehr erfreut", erwiderte der junge Mann, „mein Name ist Müller."

80. Unglücksstunde

1794 hörte Friedrich Hölderlin Vorlesungen an der Universität Jena, vor allem bei Fichte. Er verkehrte aber auch bei Schiller, der ihm eine Hofmeisterstelle beim Sohn der Charlotte von Kalb im thüringischen Waltershausen vermittelt hatte und ein Fragment des „Hyperion" in seiner „Neuen Thalia" veröffentlichte. Als er Schiller zum erstenmal zu Hause besuchte, bemerkte er im Hintergrund des Zimmers, in das er geführt wurde, einen Fremden, der, von Wuchs kleiner als sie beide, eine alltäglich Miene zur Schau trug und auch nichts Besonderes sagte. In seiner Erregung verstand Hölderlin den Namen nicht, den Schiller bei der wechselseitigen Vorstellung murmelte, und sein Gruß fiel flüchtig und fast ohne einen Blick aus. Der fremde Herr beteiligte sich mit keinem Wort an dem schwäbelnden Schwatz der beiden Landsleute, und auch als Schiller hinausging, um etwas zu holen, hüllte er sich in Schweigen. Er nahm die „Thalia" vom Tisch und blätterte im Hyperion-Fragment. Hölderlin errötete und wartete auf eine Bemerkung, vergeblich. Stattdessen erkundigte der Herr sich nach Frau von Kalb, nach der Gegend, in der sie lebte, und ihren Gutsnachbarn. Hölderlin antwortete einsilbig. Die Themen schienen ihm belanglos. Sie kamen aufs Weimarer Theater zu sprechen, und der Herr flocht ein paar Worte ein, zu denen Hölderlin aufhorchte. Doch auch als der Schweizer Maler und Kunsthistoriker Johann Heinrich Meyer, der „Kunscht-Meyer", aus Weimar hinzukam, ahnte er nichts.

Erst abends im Professorenclub erfuhr Hölderlin, daß er seine Unglücksstunde gehabt hatte. Der Fremde war Goethe gewesen.

Er blieb aber Goethe dennoch kein Unbekannter; nur daß der Geheime Rat es sich nicht abgewöhnte, ihn „Hölterlein" zu nennen.

81. Der einsilbige Genießer

Jean Paul stellte bei seinen Aufenthalten in Weimar erstaunt fest, daß „die drei Turmspitzen" der Literatur, wie er Herder, Goethe und Wieland – vielleicht unter dem Eindruck des nahen Erfurter Doms – nannte, einander mieden. Er fand Goethe einsilbig und kalt und beobachtete „etwas steifes reichsstädtisches Stolzes" an dem großen, „mit dem feinsten Geschmack" gekleideten Dichter, den nur noch Kunstgegenstände und Mineralogie erwärmten, weshalb er vor dem Besuch Knebel scherzhaft gebeten hatte, ihn „durch einen Mineralbrunnen zu petrifizieren und zu inkrustieren", damit er sich „im vorteilhaften Licht einer Statue zeigen könnte." Als Knebel im Gespräch erwähnte, die Franzosen seien in Rom eingezogen, brummte Goethe nur: „Hm!" Das Plaudern über die Kunst und ihr Publikum sowie eine kleine Lesung eigener Verse belebte den Gastgeber endlich bei einem Glas Champagner, so daß den Abschied ein freundlicher Händedruck begleitete sowie die Aufforderung, wiederzukommen. „Auch frisset er entsetzlich", schrieb Jean Paul dann in einem Brief.

82. Ungenießbar

Wenn Goethe nach Tiefurt eingeladen wurde, orakelte er seufzend: „Es wird wieder Sauerkraut geben!" Goullon, Anna Amalias Mundkoch, der spätere Besitzer des „Hotel de Saxe", hatte die Anpassung an den deutschen Geschmack etwas zu weit getrieben.

Eines Mittags saß Goethe am Tisch der Herzoginmutter verdrießlich vor seinem Teller. Es gab Sauerkraut. Wortlos nahm er sich die Freiheit, aufzustehen und ins Nebenzimmer zu gehen. Dort fand er auf dem Tisch ein aufgeschlagenes Buch. Eine Weile war es still. Dann hörte man ihn aufspringen und knurren: „Nein, das ist zu arg! Erst Sauerkraut und dann fünfzehn Seiten aus Jean Paul! Das halte aus, wer will!"

83. Schweigend ins Gespräch vertieft...

Madame de Staël wurde von Goethe mit großer Spannung erwartet, hatte sie sich doch die lohnende Aufgabe gestellt, den Franzosen die deutsche Literatur näherzubringen. Nach ihrem Besuch wollten Goethes Freunde gern wissen, wie sie sich unterhalten hätten.

„Es war eine interessante Stunde", antwortete Goethe. „Ich bin nicht zu Worte gekommen. Sie spricht gut, aber viel, sehr viel."

Die Staël, von einer Damenrunde vor dieselbe Frage gestellt, meinte: „Er hat so gut gesprochen, daß ich gar nichts sagen konnte. Aber man hört ihm gern zu."

84. Einer von beiden

Zu Neujahr 1805 schrieb Goethe seinem Freund Schiller einen Gruß. Beim Durchlesen erschrak er: Unwillkürlich hatte er, einer sonderbaren Gewohnheit folgend, vom „letzten Neujahrstag" geschrieben. Sofort zerriß er das Blatt. Als er den Gruß noch einmal schrieb, drängte sich ihm dieselbe sonderbare Wendung auf. Nur mit äußerster Konzentration verhinderte er es, daß sie ihm nochmals unterlief. Zu Frau von Stein, die er anschließend besuchte, sagte er, das komme ihm vor wie eine Ahnung, als müßte einer von ihnen, Schiller oder er selber, im angebrochenen Jahr sterben.

85. Unerbittlichs Schicksal

Als Schiller gestorben war, wagte niemand, es Goethe zu sagen. Die schwere Krankheit des Freundes hatte ihm schon einzelne Tränen in die Augen getrieben zu den Worten: „Das Schicksal ist unerbittlich und der Mensch wenig!"

Man rief Meyer heraus, der gerade bei Goethe war, als Schillers Tod bekannt wurde. Er schüttelte den Kopf und ging ohne ein Wort des Abschieds nach Hause.

Auch Christiane schwieg. „Ich merke es", sagte Goethe, „Schiller muß sehr krank sein."

Christiane erfand eine lange Ohnmacht, von der sich der Freund aber schon erholt habe. Sie mußte, obwohl sie keinen Schlaf fand, sich schlafend stellen, damit Goethe zur Ruhe kam.

Am Morgen fragte er: „Nicht wahr, Schiller war gestern sehr krank?"

Bei dem Wort „sehr" schluchzte Christiane auf.

„Ist er tot?" fragte Goethe.

„Sie haben es selbst ausgesprochen!"

„Er ist tot", sagte Goethe, wandte sich mit den Händen vor den Augen zur Seite und weinte.

86. Ausgepfiffen

Am 2. März 1808 wurde in Weimar Heinrich von Kleists Komödie „Der zerbrochene Krug" aufgeführt. Sie fiel total durch. Besonders der Darsteller des Adam hatte der Wirkung durch seine schwerfällige Redeweise geschadet. Ein Hofbeamter begann mit dem Pfeifen. Der Herzog beugte sich aus seiner Loge, empörte sich, wer es da wage, in Gegenwart seiner Gemahlin zu pfeifen, und befal den Husaren, den Störer, der gerade flüchten wollte, festzunehmen und drei Tage einzusperren.

Goethe sagte, noch unter dem Eindruck des Mißerfolgs, zu Riemer: „Der Mensch hatte gar nicht so unrecht. Wäre ich nicht Minister, hätte ich mitgepfiffen."

87. Noch ein Autodafé

Goethe ließ sich Stücke, die ihm in der Hoffnung eingesandt wurden, daß er sie in Weimar aufführe, von seinem Schreiber John vorlesen. Gewisse zeitgenössische Tendenzen stießen ihn schnell ab: „Ich rieche schon das Christentum", pflegte er zu sagen.

„Das Käthchen von Heilbronn" gelangte unter den Weimarer Theaterfreunden Jahre nach Kleists Tod allein durch Lektüre zu einigem Ruhm. Goethe jedoch murrte: „Ein wunderbares Gemisch von Sinn und Unsinn! Die verfluchte Unnatur! Das führe ich nicht auf, wenn es auch halb Weimar verlangt." Damit warf er das Stück in den Ofen und bereitete seinem Sekretär Kräuter, der es ihm gebracht hatte, eine große Verlegenheit, denn es war nur geborgt.

Heinrich Heine kehrte im Oktober 1824 von seiner Harzreise über Jena und Weimar zurück nach Göttingen. Seine tiefe Verehrung für Goethe trieb ihn auch in das Haus am Frauenplan, und er wurde empfangen. Doch die Unterhaltung wollte nicht an Tiefgang gewinnen. Man redete zwar nicht gerade über das Wetter, aber es blieb bei den Pappeln und Pflaumenbäumen an der Chaussee zwischen Jena und Weimar. Plötzlich fragte Goethe. „Womit beschäftigen Sie sich jetzt?"

Überrascht antwortete Heine, der wirklich angefangen hatte, sich mit dem Stoff auseinanderzusetzen, und vom Ringen seines Gastgebers um der Tragödie Zweiten Teil keine Ahnung hatte: „Mit einem ‚Faust'."

Goethe stutzte. „Haben Sie", fragte er spitz, „weiter keine Geschäfte in Weimar?"

„Mit meinem Fuße über die Schwelle Ew. Exzellenz sind alle meine Geschäfte in Weimar beendet", antwortete Heine und empfahl sich.

X. KRIEG

89. Gehorsam

Im Gefolge der Französischen Revolution wurde
Europa immer wieder von Kriegen erschüttert.
Wenn Goethe mit Herzog Carl August, der als
General in preußischen Diensten stand, dem
Ruf des Kriegsgottes Mars folgte, verband er
seine Reise möglichst auch mit zivilen Zwecken.
Doch das oftmals rauhbeinige Leben im Feldla-
ger und manche groben Scherze der Militärs
machten auch um ihn keinen Bogen.

Einen Aufenthalt im schlesischen Altwasser,
wo Preußen 1790 eine Interventionsarmee aufstellte, benutzte er, um im Riesengebirge mineralogischen Studien nachzugehen. Allerdings
erschien eines Tages ein Professor aus Breslau,
der sich mit dem Wunsch, Goethe kennenzulernen, nicht abweisen lassen wollte. Die Herren,
an die er sich wandte, erkannten die Gelegenheit zu einem Ulk besonderer Art. Sie luden den
Professor an einem bestimmten Tag zur Mittagstafel, gaben den Kammerdiener des Herzogs als Goethe aus und plazierten ihn neben
den Ahnungslosen, dem in letzter Minute ins
Ohr geflüstert wurde, wen er zu spielen hatte.
Der Kammerdiener, der den sonderbaren
Namen Venus führte, war ohne jede Bildung. Als
Soldat hatte er nur das Gehorchen gelernt. So
schickte er sich auch, so gut es eben ging, in die
unverhoffte Rolle, und sooft der Professor mit
ihm das Gespräch anzuknüpfen versuchte, das
er mit Goethe zu führen glaubte, brummte er
nichts als: „Hm! Hm!" Schließlich entzog er sich

der peinlichen Lage, indem er aufstand, sich zu dem gesprächigen Herrn verneigte und verschwand.

Man hatte die Sache geheimhalten wollen. Doch wer lacht gern im stillen allein. Auch in Breslau, wohin der Professor eiligst zurückkehrte, weil der boshafte Spaß in Altwasser sofort herumwar, wußte man schon davon. Goethe war über die Art, ihm einen Doppelgänger zu verschaffen, verstimmt. Carl August meinte, ein Professor, der sich so nasführen lasse, habe es nicht anders verdient.

90. Doch noch Paris?

Während des Interventionsfeldzuges 1792 in Frankreich bekam Goethe die französische Küche schlecht. Ein Wirt, bei dem er sich nur noch mit dem gleichfalls recht heiklen Knoblauch hatte behelfen können, reichte zum Abschied Goethes Diener einen Brief mit einer Empfehlung an seine Schwester in Paris, sagte aber nach einigem Hin und Her skeptisch: „Du wirst wohl nicht hinkommen."

91. Mephistopheles am Wachfeuer

In einer verlassenen Ortschaft waren keinerlei Vorräte mehr zu finden. Ein paar Jäger jedoch hatten in einem versteckten Keller noch ein Weinlager entdeckt und ließen Goethe unter dem Siegel der Verschwiegenheit hinein. Der Kenner nahm mit gespreizten Fingern zwei Flaschen in jede Hand, schlug sich den Mantel über und kehrte zum Wachfeuer zurück. Dort setze er sich auf eine große Egge, zwischen deren

Zacken die Weinflaschen einen den Blicken
verborgenen Platz fanden. Eine ließ er herum-
gehen, und der Letzte nahm, damit dem Spen-
der auch etwas blieb, nur einen kleinen Zug.
Goethe verstand es, die leere Flasche gegen
eine volle auszuwechseln. Noch ließ die Runde
sich auch diesen Schluck schmecken, ohne zu
stutzen. Als aber die Flasche, als wäre sie dieselbe, zum dritten Mal ihren Weg von Mund zu
Mund nahm, schrien die Kameraden auf wie die
Gäste in Auerbachs Keller zu Mephistos Zauber-
künsten.

92. *Valmy*

Nachdem am 20. September 1792 die Kanonade
bei Valmy unter Marschall Kellermann die
Interventionsarmee des Herzogs von Braunschweig zum Stehen gebracht und sich die
junge französische Republik erfolgreich vertei-
digt hatte, verbreiteten sich in der Truppe
Bestürzung, Angst und Ratlosigkeit. Man saß
wortkarg in der Abenddämmerung auf morasti-
gem Feld; wegen des langanhaltenden Regens
konnte nicht einmal Feuer gemacht werden. Als
das Schweigen beklemmend anhielt, wurde
Goethe, den man als Mutspender schätzen
gelernt hatte, gefragt, was er von der Lage halte.

„Von hier und heute", sagte Goethe, „geht
eine neue Epoche der Weltgeschichte aus, und
ihr könnt sagen, ihr seid dabeigewesen."

93. Zustände!

Ein alter, an Haaren und Bart ergrauter Husarenoffizier trat in Trier zu Goethe an den Tisch
und fragte ihn, ob er alle die Strapazen des
Rückzuges auch mit ausgestanden hätte. Mit
seiner Antwort kam Goethe nicht weit. Der
Husar mußte seinen Ärger loswerden. Fluchend
erging er sich über die Zustände und besonders
auch über die schlechte Führung des Feldzuges,
über die unverantwortliche Art, in der die
Befehlshaber die Armee so tief in den Dreck
geführt hatten. Goethe versuchte ihn zu
beschwichtigen. Aber der Haudegen gab keine
Ruhe, bis ein Zivilist, der Goethe kannte, dazukam und seine Hoffnung ausdrückte, Goethes
geschickte Feder werde alles genau darstellen
und aufklären. Doch der Husar wollte es anders
wissen: „Glaubt das nicht!" rief er. „Er ist viel zu
klug! Was er schreiben dürfte, mag er nicht
schreiben, und was er schreiben möchte, wird
er nicht schreiben."

94. Rechtzeitige Warnung

Bei der Belagerung von Mainz, das die Franzosen 1793 hartnäckig verteidigten, lockte das
technische Interesse, vielleicht auch der Ner-
venkitzel, Goethe immer wieder in die Linien
und Geschützbatterien. Mitten im Pulverdampf,
zwischen rußigen Gesichtern und im Lärm vor-
beisausender und berstender Granaten beobachtete er, besonders wenn es Nacht wurde, die
feurigen Flugbahnen der Geschosse und unterhielt sich mit Artilleristen fachmännisch über
ihre Berechnung.

Einmal wagte er sich zu einem so weit vorgeschobenen Posten, daß der Kommandeur ihn aufforderte, schleunigst umzukehren. Keine fünf Minuten, nachdem Goethe sich der Warnung gefügt hatte, schlug gerade an der Stelle, wo er gestanden hatte, eine französische Granate ein. Es gab Tote und Verwundete. Den Kommandeur selbst traf ein Splitter in den Arm.

95. Ein Federstrich

Lord Bristol, der Bischof von Derry, suchte auf der Durchreise in Jena ein Gespräch mit Goethe über den „Werther". Wie viele in Vorurteilen befangene Zeitgenossen verdammte er das Buch, das viele junge Menschen zum Selbstmord verleitet habe, als unmoralisch.

Goethe wies den Tadel zurück. Wenn er so darüber urteile, was ein Dichter geschrieben habe, sagte er, wieviel schwerere Vorwürfe müßte er dann gegen die Mächtigen dieser Erde erheben, die ihre Völker zu Mord und Plünderung aufhetzen, die mit einem einzigen Federstrich hunderttausend Menschen in die Schlacht schicken, von denen dann achtzigtausend fallen! Welch eine Schuld treffe dann die Priester, die in ihren Predigten mit der Androhung von Höllenstrafen die Gläubigen fast um den Verstand bringen! Ob man denn, fragte er, einen Schriftsteller dafür zur Verantwortung ziehen dürfe, daß ein paar beschränkte Geister sein Werk falsch aufgefaßt haben. „Damit", schloß er, „ist die Welt höchstens von einem Dutzend Dummköpfen und Taugenichtsen befreit, die gar nichts Besseres tun konnten, als den schwachen Rest ihres bißchen Lichtes vollends auszublasen."

Diese Erwiderung machte den Bischof sehr umgänglich, und Goethe genoß mit ihm einen unterhaltsamen Abend.

96. Unruhige Nacht

Als am 14. Oktober 1806 die Schlacht bei Jena und Auerstedt für Preußen und seine Verbündeten, also auch Sachsen-Weimar, verlorenging, war am Frauenplan seit morgens 7 Uhr Kanonendonner zu hören. Man aß wie gewöhnlich gegen 5 Uhr zu Mittag. Der Schlachtenlärm kam näher. Goethe ging unruhig im Hausgarten auf und ab. Bald pfiffen Kanonenkugeln über das Dach. Eine traf das nahe Theater. An der Ackerwand eilten flüchtende preußische Soldaten vorüber. Die preußische Einquartierung räumte Hals über Kopf das Haus.

Nach etwa einer Stunde erfüllte, so der Bericht Riemers, „eine furchtbare Stille die Straßen und den Platz vor Goethes Haus".

Dann sprengten französische Husaren durchs Frauentor. Man hielt Wein und Bier bereit, um die Sieger zu erfrischen und zu beruhigen. Goethe, unterwegs zum Schloß, begrüßte unter den Offizieren einen Bekannten, den Baron von Türckheim, Sohn seiner früheren Verlobten Lili Schönemann. Seinem Haus war Marschall Ney mit seiner Suite zur Einquartierung zugeteilt worden. Zunächst aber kamen elsässische Kavalleristen, die sich übermüdet rasch schlafen legten. Auch Goethe begab sich, da er, zurückkehrend, den Marschall nicht vorfand, zur Ruhe.

In der Stadt gingen das Plündern, Mißhandeln und Brandstiften weiter. Flüchtlinge drängten in

Goethes Haus. Christiane bekam als Hausherrin alle Hände voll zu tun. Spät in der Nacht erschütterten die Stöße von Gewehrkolben die Haustür. Erst der energische Ruf des elsässischen Kavallerieoffiziers, der die Marodeure ins Biwak zurückverwies, sorgte für eine Atempause. Die Soldaten kamen wieder, verlegten sich auf höfliches Bitten, drohten dann aber, Tür und Fenster einzuschlagen. Riemer hielt es für besser, zu öffnen. Tirailleurs in voller Bewaffnung brachen ein und ließen sich aus Küche und Keller bedienen. Sie waren unersättlich. Als sie Wind davon bekamen, in wessen Haus sie sich befanden, verlangten sie dringlich, Goethe zu sehen. Goethe bequemte sich dazu, im Nachtrock, seinem „Prophetenmantel", zu erscheinen, erinnerte daran, daß sein Haus dem Marschall Ney vorbehalten sei, und ließ sich nötigen, mit den Soldaten ein Glas zu trinken. Der Wein machte die Eindringlinge müde, zugleich aber auch kühn in ihren Forderungen. Sie wollten durchaus nicht auf den Dielen schlafen, sondern verfolgten Goethe und Christiane dorthin, wo sie Betten vermuteten. Als sie nicht nur mit den Betten vorliebnehmen wollten, die für die Suite des Marschalls bereitstanden, bedrohten sie den Dichter auf seiner Schlafstatt so ernstlich, daß Christiane um sein Leben bangte und nur mit Hilfe einiger Geflüchteter das Schlimmste verhindern konnte. Im Morgengrauen erschien der Marschall. Er und seine Leute vertrieben die Tirailleurs mit der flachen Klinge.

Am 19. Oktober 1806 ließ sich Goethe in der Jakobskirche mit Christiane, der Mutter seines Sohnes August, trauen.

97. Diese Person

Die Weimarer Gesellschaft hatte Goethe das Konkubinat mit Christiane Vulpius verargt. Nun schnitt sie die als nicht standesgemäß befundene Ehefrau. Man empfing „diese Person" nirgends. Nur Johanna Schopenhauer, die Mutter des später berühmten und von Goethe geschätzten Philosophen, öffnete ihren Salon dem Paar. „Ich denke", meinte sie, „wenn Goethe ihr seinen Namen gibt, können wir ihr wohl eine Tasse Tee geben."

Fräulein Vulpius, frisch und rotwangig, eine Thüringerin bis in die waschechte Mundart, wurde als Frau Geheimrätin füllig. „Es ist doch wunderlich", äußerte Goethe einmal ohne jeden Mißmut, „die Kleine kann gar kein Gedicht verstehen." Von rascher, beweglicher Natur, liebte sie das Vergnügen. „Der Herr Geheimrat und ich", hörte jemand aus ihrem Mund, „wir sitzen immer und sehen einander an. Das wird am Ende langweilig."

Goethe ließ sie gewähren und bekundete immer wieder, daß er wußte, was er an ihr hatte. „Sollte man wohl glauben", sagte er zu Freunden, „daß diese Person schon zwanzig Jahre mit mir gelebt hat? Aber das gefällt mir eben an ihr, daß sie nichts von ihrem Wesen aufgibt und bleibt, was sie war."

98. Umwidmung einer Kriegsbeute

Als Amtsperson im besetzten Jena hatte Goethe einem französischen Kaplan Stoff zu liefern, der den Altar seines Regiments als Behang schmücken sollte. Das glänzend karmoisinrote

Zeug, das ihm zur Verfügung gestellt wurde, mißfiel dem Geistlichen allerdings. Die Beschwerde beantwortete Goethe mit dem Bescheid: „Schicken Sie mir jenes Zeug, ich will sehen, ob ich Ihnen etwas Besseres verschaffen kann." Der requirierte rote Stoff kam in die Kostümschneiderei des Weimarer Theaters, und der Kaplan hörte nichts wieder von Goethe.

99. Zwillingsnationen

Als der Rheinbund die deutschen Staaten zu französischen Vasallen machte, wurden Befürchtungen laut, nun werde die deutsche Sprache aussterben. In einer Unterhaltung äußerte Goethe zu solchen Spekulationen: „Nein, das glaube ich nicht. Die Deutschen würden wie die Juden sich überall unterdrücken lassen, aber unvertilgbar sein wie diese, und wenn sie kein Vaterland mehr haben, erst recht zusammenhalten."

100. Politik statt Tragödie

Als Napoleon 1808 auf dem „Fürstentreffen" in Erfurt die Neuordnung Europas verhandelte, erschien am 2. Oktober auch Goethe zu einer Audienz im Dalbergschen Palais. Er hatte es vom Geleitshaus, wo er wohnte, nicht weit, und ließ sich pünktlich elf Uhr melden. Der Kaiser, der den „Werther" als junger General des Direktoriums, als so feuriger wie eifersüchtiger Liebhaber der Josephine Beauharnais in der Feldbibliothek mitgeführt hatte und nun den Gipfel seiner Macht genoß, frühstückte und beriet sich zugleich mit einigen seiner Marschälle und seinem Außenminister Talleyrand.

Er winkt Goethe aus der schicklichen Entfernung, in der er wartet, heran und sagt etwas wie: „Vous êtes un homme" oder „Voilà un homme!" Für seine sechzig Jahre habe er sich recht frisch gehalten. Marschall Daru hofft dem Gespräch eine Richtung zu geben, indem er Goethes Übersetzung der Tragödie „Mahomet" von Voltaire rühmt. Doch Napoleon findet, das sei kein gutes Stück. Auch am „Werther" hat er bei aller Wertschätzung etwas auszusetzen. Die Vermischung zweier Motive, des gekränkten Ehrgeizes und der leidenschaftlichen Liebe, sei nicht naturgemäß und schwäche beim Leser die Vorstellung von dem übermächtigen Einfluß, den die Liebe auf Werther habe. „Warum haben Sie das getan?"

Goethe kann nicht umhin, in dieser Beanstandung Scharfsinn zu entdecken. Er versucht sein Vorgehen aber als Kunstgriff zu rechtfertigen. Da kommt Napoleon wieder auf das Drama zu sprechen, etwas mürrisch. Er hat soeben über Kontributionen entschieden und über Maßnahmen gegen den Guerrillakrieg in Spanien. Die schicksalhaften Geheimverhandlungen Talleyrands mit Alexander I. bewirken beim Zaren, der mit ihm noch verbündet ist, schon einen unerklärlichen Widerstand gegen alle französischen Pläne einer Aufteilung Europas. Tragödien, „Schicksalsstücke", mißfallen dem berechnenden Militär wie dem siegreichen Herrscher, dem Glücksbringer einer neuen Zeit gleichermaßen. „Sie haben einer dunklern Zeit angehört", stellt der kaiserliche Literaturkritiker fest. Und er fragt rhetorisch: „Was will man jetzt mit dem Schicksal? Die Politik ist das Schicksal!"

Als er dann Goethe empfahl, ein Stück über Brutus zu verfassen, und Goethe dies im stillen als „zu heiklich" abtat, als sie am Abend des 6. Oktober nach einer großen Jagd in den Wäldern des Ettersberges, die den Großherzog 8 000 Taler kostete, im Weimarer Theater Voltaires „Tod Cäsars" sahen und den Pariser Schauspieler Talma bewunderten, ahnten sie beide noch nichts von dem Schicksal, das den Kaiser und seine Große Armee bald ereilen sollte.

101. Deutsche Freiheit?

Theodor Körner, Sohn von Schillers Freund Gottfried Körner, berichtete 1813 auf einem Urlaub in Dresden begeistert von seinen Kämpfen mit den Lützowern gegen die napoleonischen Truppen. Goethe, der zugegen war, konnte seine Hoffnungen auf ein freiheitliches Deutschland nicht teilen. „Schüttelt nur an euren Ketten", sagte er schroff, „der Mann ist euch zu groß. Ihr werdet sie nicht zerbrechen."

102. Verzicht

Das Haus der Malers Gerhard von Kügelgen, der 1810 auch Goethe porträtiert hatte, bot mit seinen Fenstern an der Hauptstraße am 24. April 1813 bestens Gelegenheit, den Einzug des russischen Zaren Alexander I. und des preußischen Königs Friedrich Wilhelm III. in Dresden zu beobachten. Goethe kam als Freund des Hauses, um den Anblick zu genießen. Wilhelm von Kügelgen, der zehnjährige Sohn des Gastgebers, berichtet später in seinen „Jugenderinnerungen eines alten Mannes", wie, nachdem heftig an der Klingel gerissen worden war, eine Unbekannte in die Tür stürmte, „groß und stattlich wie ein Kachelofen und nicht weniger erhitzt", und den Jungen, der ihr geöffnet hatte, fragte: „Ist Goethe hier?" Da erkannte sie „ihren Götzen" auch schon, lief auf ihn zu und überschüttete ihn: „Goethe! Ach Goethe, wie hab ich Sie gesucht! Und war denn das recht, mich so in Angst zu setzen?"

Goethe wandte sich langsam um und wies auf die Dame des Hauses: „Da ist auch Frau von Kügelgen."

Doch die Verehrerin setzte nach einer knappen Verbeugung in diese Richtung ihren Wortschwall fort. Goethe knöpfte schweigend seinen Mantel bis ans Kinn zu, und als der Hausherr mit seinem Eintreten einen Augenblick lang die Aufmerksamkeit auf sich zog, „war Goethe plötzlich fort."

103. Mucken

Als Weimar im Herbst 1813 wieder preußische Einquartierung über sich ergehen lassen mußte, berichtete ein dicker alter Major beim Wein über seinen Quartiergeber: „Ich stehe bei einem jewissen Gothe oder Göthe oder weiß der Teufel, wie der Kerl heißt."

Die anderen Offiziere riefen emphatisch und neidvoll aus, da stehe er ja bei dem berühmten Goethe.

„Kann sin, ja, ja, nu, nu", sagte der dicke

Major. „Dat kann woll sin. Ick habe dem Kerl auf den Zahn jefühlt. Es scheint, er hat Mucken im Kopf."

104. Olympiergrimassen

In Heidelberg meldete sich bei Goethes Gastgebern 1814 ein preußischer Offizier mit dem dringlichen „Lebenswunsch", er habe einen Umweg von zwanzig Meilen gemacht, um den berühmten Dichter „von Angesicht zu Angesicht zu schauen".

Goethe, der noch im Bett lag, lehnte, als ihm das gemeldet wurde, in Anbetracht der frühen Stunde ab. Doch der Offizier ließ sich nicht zurückweisen. Er habe wegen seines Abweichens von der Marschrute Strafe zu gewärtigen und wolle sie nicht umsonst hinnehmen. Doch auch damit ließ sich Goethe nicht umstimmen.

Da stieß der martialische Verehrer den Kammerdiener zur Selte, zückte seinen Säbel und verschaffte sich so Zutritt zu Goethes Schlafzimmer. „Noch habe ich", rief er, „jede Schanze, auf die ich losstürmte, gewonnen, und das Bett eines eigensinnigen Poeten sollte mir verborgen bleiben?"

Goethe jedoch schnitt eine Reihe so schrecklicher Grimassen, daß der Eroberer, den allein schon der Anblick des ruhenden Dichters weich gestimmt hatte, schleunigst Reißaus nahm.

XI. KURGAST

105. Mineralogische Namenskunde

Goethe trieb seine mineralogischen Studien bei jedem Wetter. Während eines Badeaufenthaltes im thüringischen Ruhla 1789 brach er, obwohl der Tag schon trüb begann, zum Inselsberg auf und ließ sich auch von seinem Begleiter, dem Oberforstmeister von Stein, der Regen voraussagte, nicht zurückhalten. Der Nebel verdichtete sich, es begann zu regnen.

„Hab ich's nicht gesagt?" räsonierte von Stein. Goethe sammelte Steine, zerschlug sie mit einem Hammer, nannte unaufhörlich Gesteinsarten und ihre Eigenschaften und kümmerte sich mit keinem Wort um das Murren des Herrn von Stein. „Was gehen mich Ihre Steine an!" schimpfte der Oberforstmeister. „Ihr Starrsinn hat uns in dieses nasse Wetter geführt!"

Da Goethe weiter Gesteinsnamen im Mund führte, fragte er schließlich: „Da Sie ein so großer Mineraloge sind – sagen Sie mir doch: Was bin ich für ein Stein?"

„Auch das will ich Ihnen sagen", war die Antwort. „Sie gehören in die Klasse der Kalksteine. Kommt Wasser darauf, so brausen sie."

106. Fremde Federn

In Karlsbad huldigte 1795 eine Dame dem Kurgast Goethe als dem Verfasser des „Giafar der Barmecide". Der Roman war ein Werk Friedrich Maximilian Klingers. Aber da die Dame, wie Goethe in einem Brief an Schiller schrieb, ein

„allerliebstes Weibchen" war und er ihr so „in dem vorteilhaftesten Lichte erschien", ließ er sie während drei Wochen in diesem Irrtum.

107. Massenkost

Unterwegs zur Kur, übernachteten Goethe und Riemer 1806 in Asch. Die Nacht war laut, denn wegen des großen Zulaufs wurde „Die Hussiten vor Naumburg" von dem modischen Erfolgsschriftsteller August von Kotzebue in einer Scheune aufgeführt. Nachdem sie sich spaßeshalber einen Akt angeschaut hatten, sagte Goethe, wer solche Scharen hungriger Raben sattmache, sei auch ein vortrefflicher Mann.

108. Hader mit der Schöpfung

Auf der Kurpromenade in Karlsbad äußerte sich Goethe bisweilen verdrossen über gewisse „unsaubere Gesichter", die ihm beim Spazierengehen begegneten. Erschrocken sah er meistens gleich weg. Einmal glaubte er dennoch den „leibhaftigen" Weimarer Gymnasialprofessor Böttiger erkannt zu haben, den er wegen seiner pedantischen Aufdringlichkeit verabscheute.

„Sie haben wirklich den Leibhaftigen gesehen", bestätigte sein Begleiter.

„Gottlob!" seufzte Goethe. „Wie gut, daß Gott nicht ein zweites solches Arschgesicht geschaffen hat."

109. Gefährliche Bücher

In Teplitz hörte Goethe einen katholischen Gelehrten sich im Beisein von Napoleons königlichem Bruder Louis Bonaparte des langen und breiten über die Gefährlichkeit der Bücher und des Buchhandels auslassen.

„Ist das gefährlichste aller Bücher, in weltgeschichtlicher Hinsicht", warf Goethe ein, „nicht unstreitig die Bibel? Kein anderes Buch hat außer Gutem auch so viel Böses im Menschengeschlecht zur Entwicklung gebracht."

Der Doktor wurde bleich und dann wieder rot. „Zuweilen", sagte er dann milde und freundlich, „zuweilen schimmert bei Herrn Goethe doch ein wenig der Ketzer durch."

110. „Tüchtich rinjefallen"

Der preußische General und Staatsmann Ernst von Pfuel ließ sich im August 1810 von Goethe zu einer Ausfahrt einladen. Man besuchte Schloß Dux und gedachte Giacomo Casanovas, der dort als Bibliothekar gestorben war, ging durch den Waldsteinschen Park, besichtigte alte Waffen, eine Mineraliensammlung und Erinnerungsstücke an Wallenstein. Dann fuhr man weiter zum Kloster Osegg, besichtigte die prächtige Barockkathedrale und unterhielt sich mit dem Zisterzienserpater Cyprian über neuere deutsche Literatur. Der Pater, ahnungslos, mit wem er sprach, schmähte einen gewissen Goethe, und Goethe bekräftigte ernsthaft alles, was er sagte, so daß von Pfuel sich sehr beherrschen mußte, um nicht herauszuplatzen.

„Herr Jott, ha' ick mir amüsiert!" lachte der Preuße draußen, lobte den köstlichen Tag und erkundigte sich, wie er zu dieser Ehre gekommen sei.

„Morgen erfahren Sie es", verabschiedete sich Goethe.

Von Pfuel fand am anderen Morgen Goethe beim Frühstück etwas mißmutig und fragte, ob ihm die Ausfahrt etwa nicht bekommen sei.

Die sei ihm vortrefflich bekommen. „Aber", fragte Goethe, „wie sagt der Berliner, wenn sich einer schwer täuscht?"

„Tüchtich rinjefallen."

„Dann bin ich gestern ‚tüchtich rinjefallen'! Wissen Sie, weshalb ich Sie entführt habe? Vorgestern habe ich gewisse Vorbereitungen beobachtet. Ich wollte aber meinen Geburtstag nicht in Teplitz zubringen, denn ich hasse alle diese lästigen offiziellen Gratulationen."

„Alle Wetter!" rief von Pfuel und gratulierte nachträglich.

„Aber als ich nun gestern nach neun Uhr zurückkam, verstellte mir doch der Wirt den Weg. Das hätte ich ihm doch nicht antun sollen, das sei nicht recht, nun müsse ich doch kommen, sonst riefe er die ganze Gesellschaft zu Hilfe." Und Goethe erzählte, wie er in den Garten geschleppt worden war unter dem Tusch des Badesextetts, den Hochrufen der Gäste und all den Ovationen, denen er hatte entgehen wollen, bis zu einer illuminierten Laube, in der er ein mannshohes Transparent gewahrte.

„Ihr Bildnis!" rief von Pfuel.

Aber es war – und nun lachte Goethe, durchs Erzählen erleichtert, – ein riesiges gemaltes

Schwein gewesen, denn Teplitz feierte die Entdeckung seiner Heilquellen, und der Überlieferung zufolge hatte ein Schwein sie gefunden.

111. Welchen haben wir denn heute?

Am 27. August 1818 läßt Goethe seinen Diener Stadelmann zwei Flaschen Rotwein und zwei Gläser bringen. Dann geht er im Zimmer umher und leert von Zeit zu Zeit ein Glas. Der Hofmedikus Rehbein, Goethes Hausarzt erscheint zu einem Routinebesuch. Goethe empfängt ihn mit Zeichen der Ungeduld: „Sie sind mir ja ein schöner Freund! Kommen Sie, trinken wenigstens Sie endlich auf meine Gesundheit!"

Da der Arzt ihn aber nur verwundert anschaut, fragt Goethe: „Welchen haben wir denn heute?"

„Den siebenundzwanzigsten August, Exzellenz", antwortet Rehbein.

„Nein!" widerspricht Goethe. „Heute ist der achtundzwanzigste! Mein neunundsechzigster Geburtstag!"

Doch der Arzt läßt sich nicht belehren und macht auch keine Anstalten, dem Jubilar zu gratulieren. Goethe klingelt nach dem Diener. Stadelmann bestätigt das Datum, das Rehbein genannt hat. „Hol den Kalender!" verlangt Goethe. Lange und genau sieht er sich den Kalender an. Dann schüttelt er den Kopf: „Donnerwetter! Da habe ich mich ja umsonst besoffen!"

Ludwig van Beethoven, der 1812 in Teplitz mit Goethe promenierte, war davon überzeugt, daß Könige und Fürsten zwar Posten, Titel und Orden verleihen, aber keine großen Menschen, keine „Geister, die über das Weltgeschmeiß hervorragen, machen können". Man müsse sie, meinte er, „in Respekt haben, wenn so zwei zusammenkommen wie ich und der Goethe". Da Goethe von seiten der kaiserlichen Familie, insbesondere der Kaiserin, viel Hochachtung genoß und dafür eine gewisse devote Dankbarkeit glaubte zeigen zu müssen, belehrte ihn Beethoven: „Ei was! So müßt Ihr's nicht machen, da macht Ihr nichts Gutes, Ihr müßt ihnen tüchtig an den Kopf werfen, was sie an Euch haben, sonst werden sie's gar nicht gewahr."

Als ihnen der ganze österreichische Hofstaat entgegenkam, löste sich Goethe von Beethovens Arm, um sich am Rand der Promenade mit gelüftetem Hut gebührlich zu verneigen. Beethoven hatte ihn zurückhalten wollen: „Bleibt doch an meinem Arm hängen, sie müssen Platz machen, wir nicht." Der große Dichter blieb bei seinem Vorhaben, der große Musiker allerdings auch. Mit zugeknöpftem Mantel und untergeschlagenen Armen, den fest in die Stirn gedrückten Hut nur ein wenig rückend, schritt er mitten durch die fürstliche Schar, die vor ihm zurückwich und, während Goethe seine Verbeugung machte, für Beethoven gleichsam eine Gasse bildete. Die Kaiserin grüßte zuerst, und Erzherzg Rudolf, sein ehemaliger Schüler, dem er einmal „tüchtig die Finger auseinandergerenkt" hatte, weil er nicht sofort zu ihm vorgelassen worden war, zog den Hut.

Dann blieb er stehen, und als Goethe kam, sagte er: „Auf Euch habe ich gewartet, weil ich Euch ehre, wie Ihr es verdient. Aber denen habt Ihr zuviel Ehre angetan."

113. Diogenes in Teplitz

Teplitz war 1813 so überfüllt, daß der Husarenoffizier von Schwanenfeld nur noch ein Stübchen im Souterrain fand. Vor seiner Fensterluke stand eine Bank, auf der sich jeden Tag ein älterer, gutaussehender Kurgast mit einem Buch niederließ, von dem Wasser trank, das sein Diener ihm brachte, und dem Quartier den Rest des kümmerlichen Tageslichts nahm.

Nach ein paar Tagen ging der Husar zaghaft in die Offensive und sagte: „Guten Morgen!" Der Kurgast sah ihn streng und beinahe verächtlich an.

„Sind Sie Hypochonder?" fragte der Rittmeister, und da keine Antwort kam, wiederholte er die Frage.

„Sonderbar!" sagte der Kurgast.

Das machte den Kellerbewohner gesprächig. Wie man denn bei der Kälte so dasitzen und sein Wasser allein trinken könne! So müsse man ja erst krank werden, wenn man es nicht schon sei. Er spielte auf den Philosophen Diogenes an und auf Alexander den Großen, der ihm einen Wunsch hatte erfüllen wollen und so beschieden worden war: „König, geh mir aus der Sonne!" Zuletzt bot der Ritter dem Fremden an, mit ihm zu promenieren und ihm mit Geschichten von Kanonen, Attacken und schönen Frauen die Hypochondrie zu vertreiben.

So kamen sie ins Gespräch und machten einen gemeinsamen Spaziergang nach dem andern. Der Husar erwies sich als recht gebildet und als Goethekenner, gestand aber, daß er bei aller Liebe Schiller bevorzuge. Über Großherzog Carl August dachte der Kriegsmann sehr nüchtern. „Ich bitte", sagte er, „lassen wir den in seinem Athen an der Ilm mit Goethe lustwandeln!" Und dann kam allerlei Derbes und Wahres über die Wirklichkeit des Krieges und die Kopflosigkeit der Befehlshaber auf den Schlachtfeldern.

Eines Morgens hatte der Rittmeister gerade wieder seine unterhaltsamen Geschichten angefangen, die der Kurgast an seinem Arm genoß, da begrüßte ein anderer Fremder, der wie ein Forstmann oder Gutspächter aussah, seinen Zuhörer, der ihn als seinen Arzt vorzustellen beliebte. Mit einem Scherz über die Hypochondrie wurde die Unterhaltung fortgesetzt.

Am selben Tag trat ein Freund unter vielen Umschweifen mit einer großen Bitte an den Rittmeister heran: „Mache mich mit Goethe bekannt."

„Mit Goethe? Was fällt dir ein? Ist er denn hier?"

„Du gehst ja jeden Tag mit ihm spazieren!

„Schade, daß es nicht wahr ist."

„Du weißt also nicht, daß die Herren, die dich soeben verließen, Goethe und der Großherzog von Weimar sind? Hast du denn nie gefragt, mit wem du die Ehre hast zu sprechen?"

„Dazu", sagte der Husar, „ist mir die Kehle förmlich verrammelt." Doch er tat nun die

Schritte, die, wie er meinte, Anstand und Höflichkeit erforderten, und erhielt eine Einladung
zur Tafel.

114. Trost

Der Dresdner Kriegsrat Hase, der in seinem
„Leipziger Musenalmanach" Goethes Lieder
aus seiner Leipziger Zeit veröffentlicht hatte,
klagte 1820 in Karlsbad, daß er Italien nicht
kenne und wohl auch nie sehen werde.

„Seien Sie froh!" sagte Goethe. „Sonst würde
Ihnen der Himmel hier nie blau genug sein."

115. Probe

Ohne eine kleine Liebschaft, vertraute Goethe
einmal Eckermann an, sei ein Badeaufenthalt
unerträglich, und fast jedesmal habe er eine
kleine Wahlverwandtschaft gefunden.

Als er einmal in Karlsbad Elisa von der Recke
besucht hatte, begegnete er einer Dame und
zwei sehr hübschen jungen Mädchen. Am anderen Tag, beim Brunnentrinken auf der Promenade, verbeugten sich die Mädchen so graziös,
daß Goethe sie ansprach. Sie kamen ins Plaudern, und er wurde zu ihrer Mutter geführt, der
er viel Liebenswürdigkeit erwies. Von da an sah
man sich täglich und verbrachte ganze Tage
miteinander. Der Verlobte der einen reiste an.
Goethe konnte sich ganz der anderen widmen.
Schließlich erfuhr er auch, woher die Avancen
der Mädchen kamen. Die Mutter hatte Frau von
der Recke gefragt, wer das eben gewesen sei,
und es erfahren und sogleich sehr bedauert, daß
sie nicht das Glück gehabt habe, Goethe persönlich kennenzulernen. Die Gastgeberin hatte sie

getröstet, da versäume sie nichts, unter Damen sei Goethe langweilig. Nur wenn sie hübsch und jung genug wären, zeige er sich beredt und liebenswürdig.

Das zu erproben hatte die beiden Mädchen gereizt.

116. Unglaube

Auf der Karlsbader Kurpromenade sahen Goethe und sein Begleiter in einigem Abstand eine Dame und einen Herrn, die sie kannten, ohne zu ahnen, wie es mit ihnen stand, vor sich hergehen, einträchtig miteinander plaudernd. Auf einmal neigten sie die Köpfe einander zu und küßten sich herzlich. Dann gingen sie weiter, als wäre nichts geschehen.

„Haben Sie das gesehen?" fragte der Freund. „Darf ich meinen Augen trauen?"

„Ich habe es gesehen", antwortete Goethe. „Aber ich glaube es nicht!"

117. Verschnappt

In Marienbad wurde Goethe von der Fürstin von Hohenzollern gefragt, ob er denn noch nie in Berlin gewesen sei. „Nein", sagte Goethe, „noch nie."

Dann kam die Rede auf Wilhelm von Humboldt und sein Haus in Tegel, das nun noch schöner geworden sei.

„Ach ja", seufzte Goethe, „da haben wir vor langer Zeit einen schönen Tag verlebt."

„So?" staunte die Fürstin. „Dann waren Sie doch schon in Berlin?"

„Da sehen Sie, wie man sich doch zuweilen verschnappt."

XII. „MEHR LICHT!"

118. Kalte Jugend

Goethe sprach bei einer szenischen Lesung seines Bühnenstückes „Die Mitschuldigen" selbst
mit viel Komik den Gastwirt. Die jungen Leute
aber lasen ihren Part, wie er meinte, zu kalt.
„Seid ihr denn gar nicht verliebt?" fragte er, und
noch einmal: „Seid ihr denn gar nicht verliebt?
Verdammtes jungen Volk! Ich bin sechzig Jahre
alt, und ich kann's besser."

119. Werdender Gipskopf

1807 ließ sich Goethe darauf ein, daß der Hof-
bildhauer Karl Gottlob Weißer eine Gipsmaske
seines Gesichts abnahm. Die danach geschaf-
fene Büste, ihr kräftiger Gesichtsausdruck,
wurde allgemein für sehr naturgetreu befun-
den. Nur im Ernst der Züge schien etwas Finste-
res zu liegen.

„Meinen Sie denn", sagte Goethe dazu, „daß
es ein Spaß ist, sich das nasse Zeug ins Gesicht
streichen zu lassen, ohne eine Miene zu verzie-
hen? Da ist's eine Kunst, nicht noch viel unwir-
scher auszusehen!"

120. Maske des Todes

Als 1813 Christoph Martin Wieland hochbetagt
gestorben war, erzählte Falk, der ihn auf dem
Totenbett gesehen hatte, daß er die ganze Nacht
nicht zur Ruhe gekommen war. Goethe fuhr auf
und fragte: „Warum soll ich mir die lieblichen

Eindrücke von den Gesichtszügen meiner Freunde und Freundinnen durch die Entstellungen einer Maske zerstören lassen?" Er habe sich gehütet, Schiller, Herder oder Anna Amalia im Sarg zu sehen. „Der Tod", sagte er, „ist ein sehr mittelmäßiger Porträtmaler."

121. Nachtschärmerei

Als Bettina Brentano 1807 nach Weimar kam, war sie etwas über zwanzig und er knapp sechzig Jahre alt. Die hübsche, lebhafte, literarisch interessierte, später mit Achim von Arnim verheiratete Tochter Maximiliane Laroches, jener „Maxe", an die Goethe gleich nach der Wetzlarer Affäre mit Charlotte Buff sein Herz verloren hatte, besuchte ihn, setzte sich ihm buchstäblich zu Füßen, aber auch auf den Schoß, plauderte und korrespondierte mit ihm und zog ihn in eine zärtliche Freundschaft. Nachts gingen sie Arm in Arm durch Weimar.

„Siehst du", sagte Goethe, „unvermutet zuweilen kommt der Lichtstrahl und zeigt uns, was wir lieben!"

Er nannte sie „Götterkind" und „Sternenkind" und trug sie im Hotel „Elefant" zwei Treppen hinauf in ihr Zimmer, in dem ihre Schwester schon schlief.

„Siehst du", schmeichelte Bettina, als sie im matten Schein der Lampe noch beieinandersaßen, „wir genießen zusammen die Flamme der Nacht."

„Ja, mein liebes Kind, aber es ist uns nicht erlaubt, sie länger zusammen zu genießen", sagte Goethe und ging.

122. Mutterliebe

Zacharias Werner, gefragt, weshalb er sich nicht wieder verheiratete, klagte, ein Ehemann bekäme immer nur schlechte Suppen zu essen. „Das ist nur in kinderlosen Ehen so", belehrte ihn Goethe. „Sobald Kinder da sind, wird Fleisch gekauft, drei, vier Pfund. Je mehr Kinder man hat, desto besser wird die Suppe."

123. Genießer unter Aufsicht

Der Philologe und Runenforscher Martin Friedrich Arendt fand an Goethes Tafel eine Sauce von Bratenfett, Gurkensaft, Essig und Öl so lecker, daß er sich nach einigem Zögern nicht enthalten konnte, den Teller an den Mund zu setzen, um sie zu schlürfen. Ein schüchterner Blick zu Goethe, und er sah sich beobachtet. Doch Goethe nickte ihm zu: „Genieren Sie sich nicht, lassen Sie es sich schmecken. Ich würde es geradeso machen, aber mir erlaubt das meine Schwiegertochter nicht!"

124. Hutgrößen

In Dresden wagte es eine Verehrerin, Goethe wegen des schäbigen Hutes, den er trug, zur Rede zu stellen. Er dankte für den diskreten Hinweis und versprach, sich einen neuen zu kaufen. Als sie ihn wenig später wiedertraf und er noch immer denselben Hut trug, rief sie: „Aber Herr von Goethe!"

„Es ist nicht meine Schuld", sagte Goethe, „ich habe herumgesucht, aber es paßte mir keiner. Man ist in Dresden nicht auf große Köpfe eingerichtet."

125. Praktischer Vorschlag

In der Dresdner Galerie, die im Winterhalbjahr sehr kalt war, sah Goethe den Sommer über Scharen junger Kunstbeflissener damit beschäftigt, Kopien der Gemälde anzufertigen. „Man sollte", schlug er vor, „mit den Kopien, die im Sommer gemacht werden, den Winter über heizen."

126. Widerhall

Der Schauspieler Haide sprach bei den Proben zu Goethes „Egmont" auf der Weimarer Bühne zu leise. Goethe rief, als seine Geduld zu Ende war: „Ich möchte das, was ich vor dreißig Jahren geschrieben habe, auch hören!"

127. Lichtblick

Der junge Arthur Schopenhauer versuchte in einem Gespräch über die Farbenlehre Goethe seine philosophische Lehrmeinung zu erklären, nach der die Objekte nur insofern daseien, als sie von einem erkennenden Subjekt vorgestellt werden.

„Was", sagte Goethe da mit großen Jupiteraugen, „das Licht sollte nur da sein, insofern Sie es sehen? Nein, Sie wären nicht da, wenn das Licht Sie nicht sähe."

128. Lesegenuß

Ein Schriftsteller namens Kunz, Untertan eines sehr kleinen Deutschen Fürstentums, weckte Goethes Interesse an Paßangelegenheiten. „Ihr Fürst ist ein strenger Herr", sagte Goethe. „Es soll schwierig sein, dort einen Paß zu bekommen. Könnten Sie mir wohl einen solchen zeigen?" Kunz tat dies sehr gern. „Bitte, leihen Sie ihn mir bis morgen", bat Goethe, „ein so merkwürdiges Stück muß ich mir genauer anschauen." Später verriet er Freunden, daß er aus der Rocktasche des Dichters einen Packen Manuskripte habe herausschauen sehen. „Lieber wollte ich den Paß lesen als die!"

129. Der etwas andere Genuß

Auf die fromme Frage, ob er denn zuweilen auch in der Bibel lese, antwortete Goethe der Gräfin von Egloffstein: „O ja, meine Tochter, aber anders als ihr."

130. Selbstgenuß

Seinen musikalischen Geschmack verdankte Goethe weitgehend seinem Freund Carl Friedrich Zelter. In Berka machte der Organist und Brunneninspektor Johann Heinrich Schütz ihn mit der damals fast vergessenen Musik Bachs bekannt. Man dürfe es, meinte Goethe, die Bachsche Musik nicht merken lassen, daß man zuhöre, da sie für sich selbst musiziere, „als wenn die ewige Harmonie sich mit sich selbst unterhielte, wie sichs etwa in Gottes Busen kurz vor der Weltschöpfung möchte zugetragen haben."

131. Risiko des Schreibens

Goethe, sein Freund Knebel und der jüngere Voß unterhielten sich über einen Heidelberger Professor, der mit schriftstellerischen Versuchen seinen guten Ruf als Prorektor und Ehemann getrübt hatte. Goethe würdigte seinen „Urfreund" Knebel als liebenswürdigen Menschen, zärtlichen Gatten und liebreichen Vater und traute ihm auch zu, einen herrlichen Prorektor abzugeben, falls man ihn wählte. „Aber wolltest du anfangen, alle deine Gedanken in die Welt hineindrucken zu lassen – buh! und bah! – wie würden die Leute über dich herfallen! – Sieh, liebes Kind", sagte er zu dem fünf Jahre Älteren, „das ist ein Vorzug, den die Leute haben, die nicht schreiben: Sie kompromittieren sich nicht."

132. Kompliment

Eine stadtbekannte Schönheit konnte es kaum fassen, daß Goethe sie auf einer Abendgesellschaft im Weimarer Schloß nicht beachtet hatte. „Nun sehe ich ja, was von Ihrer Höflichkeit zu halten ist", beschwerte sich die Dame. „Sie gehen an mir vorüber, ohne mich anzusehen."

„Verehrteste!" antwortete der Achtundsechzigjährige. „Wenn ich Sie angesehen hätte, wäre ich nicht an Ihnen vorbeigekommen."

133. Haarkünstler

Goethes Sekretär Friedrich Theodor Kräuter bat
den Friseur um eine Locke vom Haupt des
Dichters. „Die sind alle gezählt", war der
abschlägige Bescheid. „Die gehen alle zum Ver-
kauf nach Frankfurt."

134. Versäumter Genuß

Als Goethe nicht mehr ins Theater ging, äußerte
sich seine Schwiegertochter Ottilie beim Frühstück entrüstet über die skandalöse Art, in der
eine polnische Sängerin die Mazurka getanzt
habe. „Die Röcke flogen ihr um die Knie, und sie
dehnte und reckte sich wie eine Mänade."

Goethe lehnte sich zuruck, zog sich die Weste
zurecht und sagte: „Wie schade, daß ich nicht
dabeigewesen bin."

135. Besorgnis

Die schöne Pianistin Maria Szymanowska
gastierte im November 1823 in Weimar. Goethe
versäumte keine Gelegenheit, in ihre Nähe zu
kommen, lud sie zu sich ein, ließ sich vorspie-
len. Als er nach diesen Anstrengungen
erkrankte, sagte sein ehemaliger Diener
Goetze, inzwischen Wegebauinspektor, besorgt:
„Ja, Ihr Exzellenz, polnisch geht es jetzt nicht
mehr mit uns."

136. Manieren

Johannes Falk, Pädagoge und Satirendichter,
wunderte sich pikiert über die Manieren Karl
Friedrich Zelters: „Was soll man denn zu einem

Menschen sagen, der auf den Fußboden spuckt?"

Goethe ließ aber auf seinen Freund nichts kommen: „Was soll man zu mir sagen, ich spucke auf euch alle!"

137. Frauenliteratur

Hofrat Rehbein meinte, poetisches Talent bei Frauen sei eine Art von geistigem Geschlechtstrieb, eine Art Ersatz. Ans Dichten würden Frauen nie denken, wenn sie heirateten und Kinder bekämen.

Goethe kannte dafür Beispiele. „Doch unsere Dichterinnen mögen dichten und schreiben, soviel sie wollen", schloß er, „wenn nur unsere Männer nicht wie die Weiber schrieben!"

138. Vom Fach

Goethe plauderte lange mit dem jungen Juristen Stüve, der ihm viel Interessantes aus Osnabrück zu berichten hatte. Dann kam er auf den Besucher selbst zurück und sagte, sich der eigenen Studienzeit erinnernd: „Also: Sie sind Advokat, das heißt einer, der aus jeder Sache etwas zu machen weiß."

„Entschuldigen Exzellenz..." stammelte Stüve, wie um sich zu verteidigen.

„Recht so", lachte Goethe, „ein Advokat darf nie etwas zugeben."

139. Die tote Venus

Eine Schar junger Mädchen stürmte, aus Tiefurt kommend, in Goethes Gartenhaus, um ihm frische Frühlingsblumen zu bringen. Dabei

stieß eine der zarten Verehrerinnen den Gipsab-
guß einer Venus um, und sie brach in Tränen
aus.

„Ei, ei", sagte Goethe mit scherzhaft erhobe-
nem Finger, „wer wird denn um die tote Venus
weinen, wenn sie so viele lebende Vertreterin-
nen hat."

140. Fatale Sofas

Goethes Schwiegertochter Ottilie sah gern eng-
lische Gäste im Haus. Einmal bemängelte
Hofrat Vogel, Goethes und des Großherzogs
Hausarzt, daß sich die jungen Engländer so
ungeniert auf den Sofas herumgerekelt hätten.
Ottilie nahm sie in Schutz und beanstandete die
Sofas. Sie seien so breit, daß man, wenn man
bequem sitzen wolle, unwillkürlich in eine lie-
gende Stellung komme.

„Ich weiß ja nicht", wollte Vogel einwenden,
„ich habe mit Frau von X. dort gesessen und ..."

„Und?" mischte Goethe sich ein. „Hattet Ihr
keine Lust, zu liegen?"

141. Den Fisch ausführen

Goethe sah durchs Fenster seinen Küchenjun-
gen mit einem entwendeten Fisch, dessen
Schwanz unter der Jacke hervorlugte, aus dem
Haus gehen. „He, Junge!" rief er.

Der Junge stammelte: „Was befehlen Exzellenz?"

„Wenn du einen von meinen Fischen aus-
führst, zieh einen Mantel an oder nimm einen
kürzeren Fisch!"

142. Memento mori

Während der Abendtafel hörten Goethes Gäste einen Wagen verdächtig langsam und dumpf über den Frauenplan rollen. Goethe verstand das leise Erschrecken: Dies sei in der Tat der Leichenwagen! Er verwies auf die Römer, die bei Gelagen ein Gerippe auffahren ließen, zur Erinnerung daran, daß sie samt all den leckeren Sachen zu Staub und Moder würden. „Und weil die guten Leute es lieben", schloß er, „sich zur selben Stunde begraben zu lassen, wie ich speise, so ist das in seiner Art immer ein sehr hübsches memento mori!"

143. Nach Carl Augusts Tod

Als Josef Stieler 1828 im Auftrag König Ludwigs I. von Bayern das berühmte Altersporträt Goethes malte, sagte das Modell beim Sitzen: „Wir müssen eilen, das Gesicht festzuhalten. Der Großherzog ist weggegangen und nicht wiedergekommen. Wer verbürgt einem, ob man morgen erwacht?"

144. Abgekanzelt

Als Goethe dem Hofmaler Josef Stieler saß, hütete er im benachbarten Majolikazimmer die Empfehlung des Künstlers, das Porträt der schönen Münchener Schauspielerin Charlotte von Hagn. Kanzler von Müller erschien, und mit einem feinen Gespür verschwand er dort und kam lange nicht wieder. „Wollen Sie wohl da herauskommen!" rief Goethe harsch. „Man braucht Sie nur einen Augenblick allein zu lassen, und schon werden Sie indiskret!"

145. Feinschmeckergedächtnis

Dem Modeautor Karl Eduard von Holtei, der des öfteren bei Goethe speiste, schmeckte ein Püree von Wild mit Spiegeleiern so, daß er eine zweite Portion verspeiste. Nach einem Jahr gab es diese Spezialität wieder. Als bereits die Teller gewechselt wurden, gab Goethe dem Diener einen Wink. Der eilte sogleich zu Holtei und reichte ihm die Schüssel nochmals, flüsternd: „Der Geheimrat schicken mich!"

146. Ansprüche

In Dornburg wurde für Goethe das Mittagessen aus dem Ratskeller geholt. Es schmeckte ihm nicht. Man versuchte es mit dem Gasthaus „Zum Schieferhof" in Naschhausen, am Fuß des Berges, auf dem die Dornburger Schlösser stehen. Bei dieser Kost könne er nicht bestehen, sagte Goethe mürrisch. Küchenmeister Sckell sandte Boten in die Gegend und ließ Geflügel, Fisch und Wild herbeischaffen; seine Frau übernahm die Zubereitung. Beim ersten Frühstück sagte Goethe: „Das ist ein guter Anfang!" Zu Mittag hieß es nach fünf Gängen: „Das lasse ich mir gefallen!" Dann klopfte er Sckell auf die Schulter: „Auf diese Art werden Sie mich aber so bald nicht los."

147. Poetik

„Jedes Gedicht", sagte Goethe, „ist gewissermaßen ein Kuß, den man der Welt gibt." Seine Zuhörer bewunderten den Vergleich. „Aber", setzte Goethe hinzu, „aus bloßen Küssen werden keine Kinder."

148. Vorsorgliches Einlenken

Goethe kam nie auf den Gedanken, seinen „Faust" in Weimar aufführen zu lassen. Als sich nun seine Freunde mit seinem Sohn verschworen, ihn doch auf die Weimarer Bühne zu bringen, weil das Gerücht von einer Inszenierung in Braunschweig umging, fuhr er auf wie von einer Hornisse gestochen und wetterte dagegen: „Beschlossen hat man? Ohne mich zu fragen? Niemals!"

Nach ein paar Tagen jedoch ließ er seine Schwiegertochter einlenkend wissen: „Wenn sie denn durchaus den ‚Faust' aufführen wollen, dann nicht so, wie sie es wollen, sondern so, wie ich es will!"

149. Der Patriarch

Goethe war ein liebevoller Großvater. Besonders sein „Wölfchen" hatte überall Zutritt, durfte mit ihm morgens frühstücken, abends aus seinem Glas trinken und mußte nur, wenn er zu lebhaft wurde, hinaus. Aber die Proteste des Kindes ließen ihm erst recht keine Ruhe. So richtete Goethe ihm in seinem durch Bücher und Gerätschaften beengten Arbeitszimmer ein eigenes Tischchen am Fenster ein. Auch in Anwesenheit von Besuchern und Besucherinnen durfte der Enkel auf dem Patriarchen herumklettern. Die Gräfin Egloffstein ermahnte ihn, seinen Großvater nicht so zu plagen. „Im Bett", antwortete der Junge, „kann er sich wieder ausruhen." Und wenn er dann ins Bett sollte, rief er: „Nein, noch nicht, ich muß erst Großpapa ins Bett bringen."

„Sie sehen", bemerkte Goethe mit psychologischem Scharfsinn, „daß die Liebe immer ein wenig impertinenter Natur ist."

150. Der schönste alte Mann

Die Schauspielerin Wilhelmine Schröder-Devrient, eine vielverehrte Schönheit, durfte Goethe, drei Jahre nach dem Tod des Komponisten, Franz Schuberts Vertonung des „Erlkönig" vorsingen. Bewegt dankte ihr der Dichter, er habe diese Komposition früher gar nicht gemocht. „Aber so vorgetragen, gestaltet sich das Ganze zu einem sichtbaren Bild."

Hingerissen vertraute die Schauspielerin im Wagen ihrem Kollegen Genast an: „Das ist der schönste alte Mann, den ich je gesehen, in den könnte ich mich sterblich verlieben."

151. Ein großer und ein kleiner Verlust

Goethes Sohn August starb 1830 in Rom unverhofft an den Pocken. Die Trauernachricht erhielt Kanzler von Müller durch den Gesandtschaftssekretär Kestner, einen Sohn der durch den „Werther" bekannt gewordenen Lotte. Ruhig und gefaßt erriet Goethe mit Tränen im Auge den Sinn der Worte, bevor von Müller sie zu Ende gestammelt hatte. Als im Frühjahr der Maler Friedrich Preller von Rom nach Weimar kam, lieh sich Goethe seine Skizzenbücher aus, die Porträts seiner römischen Bekannten enthielten. Er wolle sie in Ruhe für sich durchblättern. Nach einigen Tagen gab der Dichter ihm die Bücher „still und ernst" zurück. Zu Hause schlug Preller ahnungsvoll nach, und, wie vermutet: das Blatt mit dem Porträt August von Goethes war nicht mehr da.

152. Mehr Licht?

Bevor Goethe am 22. März 1832, in seinem Lehnstuhl zurücksinkend, starb, soll er, von der Erkältung geplagt, die ihn aufs Letzte geschwächt hatte, kaum verständlich etwas von einem zweiten Fensterladen gehaucht haben, den man in der Stube auch aufmachen solle, er wolle „mehr Licht". Was er dann noch sagen wollte, schrieb er, deutlich die Interpunktion setzend, mit dem rechten Zeigefinger in die Luft. Nur der Anfangsbuchstabe, ein großes W, war deutlich zu erkennen. So galt dieses „Mehr Licht!" als Goethes letztes Wort.

Da seine Augen aber in letzter Zeit so lichtempfindlich gewesen waren, daß er sie selbst gegen eine Lampe mit einem grünen Schirm schützte, kamen auch Zweifel auf. Kenner der Frankfurter Mundart, die Goethe nie ganz abgelegt hatte, meinten, es könnte auch ein erleichterter Seufzer gewesen sein, des Sinnes: Man liegt ...

QUELLEN

(⟨...⟩ bezeichnet die Nummern der Anekdoten.)

Abeken, B. R., Goethe in meinem Leben, Weimar 1904 ⟨22, 66⟩.

Abendblatt z. Neuen Münchener Zeitg. Nr. 245, 19. 6. 1858 ⟨143⟩.

Anschütz, H., Erinnerungen aus dessen Leben und Wirken, Wien 1866 ⟨79⟩.

Arndts Werke, Fünfter Teil, Berlin/Leipzig/Wien/Stuttgart o. J., ⟨101, 108⟩.

Arnim, Bettina von, Werke. Bd. 1, Berlin und Weimar 1986 ⟨1, 4, 121⟩.

Arnim, Bettina von, Sämtliche Werke, Berlin 1920–1922 ⟨2, 6, 28, 33, 112⟩.

Berend, E., Die Briefe Jean Pauls, München 1922 ⟨81⟩.

Biedermann, F. v./Herwig, W. (Hg.), Goethes Gespräche, Zürich/Stuttgart 1965–1984 ⟨38, 72, 76, 78, 99, 128, 135, 151⟩.

Biedermann, W. v., Goethe und Dresden, Berlin 1875 ⟨114⟩.

Bierbaum, O. J., Goethe-Kalender auf das Jahr 1911 ⟨71, 103⟩.

Bissing, H. v., Das Leben der Dichterin Amalie von Helvig, geb. Freiin von Imhoff, Berlin 1889 ⟨83⟩.

Bode, W., Der fröhliche Goethe, Berlin 1912 ⟨70⟩.

Bode, W. / Otto, R., / Wenzlaff, P.-G. (Hg.), Goethe in vertraulichen Briefen s. Zeitgenossen, Berlin/Weimar 1979 ⟨76⟩.

Carus, K. G., Lebenserinnerungen und Denkwürdigkeiten, Leipzig 1865 ⟨125⟩.

Deutsche Rundschau, Bd. 182, Berlin 1920 ⟨75⟩.

Dietze, W. u. A. (Hg.), Treffliche Wirkungen, Anekdoten von und über Goethe, Berlin/Weimar 1987 ⟨1–55, 57–152⟩.

Diezmann, A., Goethe und die lustige Zeit in Weimar, Leipzig 1857 ⟨30⟩.

Döring, H. (Hg.), Schiller und Goethe, Leipzig 1852, ⟨105⟩.

Dohm, E. / Rodenberg, J. (Hg.), Der Salon für Literatur, Kunst und Gesellschaft, Bd. 3, Leipzig 1869 ⟨145⟩.

Eckermann, J. P., Gespräche mit Goethe, Berlin/Weimar 1982 ⟨95, 98, 115, 116, 137, 149⟩.

Escher, K. (Hg.), Die Lustigen von Weimar, Goethe-Anekdoten, Berlin-Lichterfelde 1925 ⟨123, 134, 136⟩.

Falk, J., Goethe aus näherm persönlichen Umgang dargestellt, Leipzig 1832 ⟨31, 35, 54, 109, 120⟩.

Fischer-Lamberg, H. / Grumach, R. (Hg.), Der junge Goethe, Berlin/New York 1963–1973 ⟨10⟩.

Fliegende Blätter, Bd. 27, München 1871 ⟨39⟩.

Frankfurter Konversationsblatt Nr. 263, 23. 9. 1847 ⟨28⟩.

Frommann, F. J., Das Frommannsche Haus und seine Freunde, Jena 1872 ⟨138⟩.

Gartenlaube, Die, Jahrgang 1864 ⟨17⟩.

Genast, E., Aus dem Tagebuche eines alten Schauspielers, Leipzig 1862 ⟨58, 86, 111, 150⟩.

Goethe, J. W. von, Poetische Werke, Berlin 1960–1978 ⟨3, 5, 7, 8, 9, 12, 13, 16, 18–20, 23, 25, 26, 43–51, 65, 90, 93⟩.

Goethes Sämtliche Werke, München/Berlin 1909–1937, ⟨106⟩.

Goethes und Zelters Briefwechsel, hg. v. M. Hecker, Frankfurt a. M. 1913–1918 ⟨130⟩.

Gotthardi, W. G. (d. i. M. W. G. Müller), Weimarische Theaterbilder aus Goethes Zeit Bd. 1, Jena/Leipzig 1865 ⟨88⟩.

Gräf, H. G. (Hg.), Goethe und Schiller in Briefen von Heinrich Voß d. J., Leipzig 1896 ⟨43, 59, 84, 131⟩.

Grillparzers Sämtliche Werke, Bd. 12, Leipzig o. J. ⟨69⟩.

Grumach, E. u. R. (Hg.), Goethe, Begegnungen und Gespräche, Berlin 1965ff. ⟨24, 30, 32, 34, 42, 77⟩.

Heimat, Die, Ill. Familienblatt, 7. Jg. 1882, Bd. 2 ⟨149⟩.

Heine, M., Erinnerungen an Heinrich Heine und seine Familie, Berlin 1868 ⟨88⟩.

Hölderlin, F., Sämtliche Werke u. Briefe, Berlin/Weimar 1970 ⟨80⟩.

Holtei, K. v., Vierzig Jahre. Bd. 5, Breslau 1845 ⟨64, 73, 140, 142⟩.

Houben, H. (Hg.), Damals in Weimar! Erinnerungen und Briefe von und an Johanna Schopenhauer, Leipzig 1924 ⟨97, 118⟩.

Jahrbuch der Goethe-Gesellschaft, Bd. 11/1925 ⟨57, 62⟩.

Jugend, Nr. 35, 26. 8. 1899 ⟨40⟩.

Jung, Johann Heinrich, Heinrich Stillings Wanderschaft, Berlin und Leipzig 1778 ⟨27⟩.

Kletke, H. (Hg.), Kunst und Leben, Berlin 1873 ⟨152⟩.

Kobbe, Th., Humoristische Erinnerungen, Bremen 1840 ⟨104⟩.

Kretschman, L. v. (Hg.), Aus Goethes Freundeskreise, Braunschweig 1892 ⟨139⟩.

Kügelgen, W. v., Jugenderinnerungen eines alten Mannes, München/Berlin 1994 ⟨102⟩.

Laube, H., Moderne Charakteristiken, Mannheim 1835 ⟨55⟩.

Lehmann, K. / Hannsen, H. (Hg.), Festschrift zur Einweihung des Goethetheaters in Bad Lauchstädt 1908 ⟨82, 122⟩.

Lewinsky, J. v. (Hg.), Vor den Culissen, Berlin 1882 ⟨60⟩.

Ludecus, W., Aus Goethes Leben, Leipzig 1849 ⟨89⟩.

Lobe, J. Ch., Aus dem Leben eines Musikers, Leipzig 1859 ⟨124⟩.

Matthisson, F. v., Schriften, Zürich 1825 ⟨36⟩.

Montgomery-Silfverstolpe, M., Das romantische Deutschland, Leipzig 1913 ⟨121⟩.

Müller, F. v., Unterhaltungen mit Goethe, Weimar 1982 ⟨53, 100⟩.

Müller, K. W., Goethes letzte literarische Tätigkeit, Jena 1832 ⟨149, 152⟩.

Nachträge zu Shakespeares Werken, übersetzt von E. Ortlepp, Bd. 1, Stuttgart 1840 ⟨147⟩.

Oelenschläger, A., Meine Lebenserinnerungen, Leipzig 1850 ⟨29, 61, 63⟩.

Parthey, G. von, Jugenderinnerungen, Berlin 1907 ⟨11⟩.

Rabe, A. (d. i. A. Ludwig), Schnaken, der Schnurren zweiter Teil, Weimar 1904 ⟨32⟩.

Riemer, F. W., Mitteilungen über Goethe, Berlin 1841 ⟨37, 96, 107, 130⟩.

Roquette, O., Friedrich Preller, Ein Lebensbild, Frankfurt a. M. 1883 ⟨151⟩.

Schmidt, E. (Hg.), Caroline, Briefe aus der Frühromantik, Leipzig 1913 ⟨56⟩.

Schöll, A. (Hg.), Carl-August-Büchlein, Weimar 1857 ⟨30, 40⟩.

Schopenhauer, A., Von ihm, über ihn, Berlin 1863 ⟨127⟩.

Schröer, K. J. (Hg.), Faust von Goethe, Heilbronn 1886 ⟨148⟩.

Schwanenfeld, F. v., Aus den Denkwürdigkeiten eines alten Soldaten, Breslau 1862 ⟨113⟩.

Sckell, K. A. Ch., Goethe in Dornburg, Jena/Leipzig 1864 ⟨146⟩.

Soret, F., Zehn Jahre bei Goethe, Leipzig 1929 ⟨133, 144, 149⟩.

Stahr, A., Weimar und Jena, Oldenburg/Leipzig 1892 ⟨119⟩.

Varnhagen v. Ense, K. A., Denkwürdigkeiten und vermischte Schriften, Bd. 1, Mannheim 1837 ⟨117⟩.

Vossische Zeitung, 15. 5. 1927, Unterhaltungsbl. Nr. 113 ⟨110⟩.

Weber, E. W., Zur Geschichte des Weimarischen Theaters, Weimar 1865 ⟨87⟩.

Weltstimmen, Weltbücher in Umrissen, Bd. 6, Stuttgart 1932 ⟨21⟩.

Wolzogen, C., Schillers Leben, Stuttgart/Tübingen 1830 ⟨68⟩.

Wickede, J. v., Aus alten Tagebüchern, Jena 1868 ⟨94⟩.

Zellweker, E., Goethe in der Anekdote, Wien 1947 ⟨52, 74, 129, 140⟩.

Zentner, K., Dreimal zwölf und dreizehn, München 1976 ⟨41, 60, 67, 132⟩.